認
錯

醒覺

認錯

醒覺

李驥

最真摯的生命覺醒之路

目錄 CONTENTS

Part1 致青春

A 青春情事

B 年少輕狂

Part2 自在遊

傾聽「樹」的歌唱

　　在靜謐的樹林中，抬頭仰望著一棵棵樹，適時正有清風徐徐拂來，似乎所有的樹葉都在沙沙振響，那一刻的心湖明靜而柔軟，好像要對藍天輕語著什麼……

　　陽光，正把它的熱情和光明，透過葉子灑下來，每一片葉子的形狀、葉脈、都在碧藍的陪襯下清晰呈現。我不禁常常驚歎是怎樣的神祕之手，雕刻了這精彩紛呈的美麗。每一棵樹都那般風姿獨具，幾多蓬勃，幾許可人。可是它們在大片的森林裡，有幾人能走近欣賞觀看，那每一片樹葉在風中、雨中，繁華與凋零，陽光月下怒吼與淺唱。看那楓樹，在北國寒意漸濃之時，正是它們盡顯生命的璀璨之際。每每值此，欲將珍貴美景寄與天下人共享。

　　每個人生命中，最細緻、最燦爛的那個部份，也許只有他自己，或是跟他親近的人才知道。他們，就像一棵樹，蒼勁地散發堅強的氣息。他們在受傷之後，森林悄悄收藏了他們的哀哭與無奈，他們努力地尋覓著生存的堅韌之力，經歷多少頑強的內心之戰，終於小心翼翼地把傷痕復原，從再次地枝繁葉茂到令人驚

5

歎！他們迎接了生命的大風暴，在幾度摧殘中毅然璀璨綻放！像一棵樹般，他們謙虛地對整個森林釋放著愛與奉獻的信息，以個體生命的強悍溫熱著整體。

一棵桂花樹的淡淡清香，也許會觸碰到你靈魂深處的甜美的寧靜。

究竟，他們曾經歷怎樣的風霜雨雪？那美麗的深藏於年輪中的精彩記憶，在何樣的陽光下開始優美昇華？在怎樣的鏡湖中看清了自己的模樣？是什麼喚醒了他們心中的巨人之力，將沉睡的荒原，開放為直到天際的鬱鬱森林與燦燦樹花？

有人願傾聽這每一棵樹的哭聲與吟唱嗎？

我真摯地邀請所有的人，和我一起凝視這些精彩的心吧！這些在苦痛中掙扎著，終於開出燦爛心花的勇敢的人們，他們動人的身影，就和你我一樣，行進在這個世上。可能，讀這本書，就像人生中的一次深情回眸。注視到了那個和我一起經歷過人世的風雨、經歷過人世災難洗禮的同伴，他是如何精彩地活著，而他的精彩，到底有怎樣細緻的輪廓、顏色、形狀？這精彩是如何發

生的？親愛的讀者，你不想欣賞嗎？

　　就像我看到的一樹美景，在很多年前，有了一種想把它獻給
大家的心情。它，終於出現了。所以，為這些精彩的心隨喜，並
加油吧！也為你自己的美麗、為你自己的勇悍、為你自己的不
屈，為你自己的善良喝采吧！

　　因為我們同行！

寫在 2018 年，亮點書系開啟時

推薦序一

真誠的說書人：
李驥說故事、寫書也唱給我們聽

這是一個時代的記錄，有汗也有淚。

三十年的恩怨，要在幾百頁的文字中道盡實在不容易，更何況要用音符來重現當年的感受與情緒。我羨慕李驥有此能力與勇氣！在三十年後，藉由一首首的歌與故事來跟自己對話，是抒情也是抒懷與抒志！

這當然也是我與李驥三十年來的恩怨：在認識、共事、合作中，我一定得罪過他，有心的或是無意的，不管我承不承認！年輕的我，對於「成功」這個目標是相當堅定的。目標鎖定後，人的視角也就狹隘了，為達到成功，排除萬難！也輕率地將不利於自己成功的因素簡化為「困難」兩個字，有了達到成功的正當性，合理化自己排除萬難的行徑……那副嘴臉，自己看了都討厭。就這麼巧，李驥新作的名字有「認錯」，我也該好好認錯！

　　李驥一直在「成為一個人」的道路中思索、摸索與探索，「教育」與「教化」似乎是他的職志，而說、唱、寫是浮現其外的溝通手法。傳播與出版，旨在擴大影響力！為了更好，每次做好！這個好的漣漪，帶著聲波和心波，可以無遠弗屆地陣陣迎來，耳濡目染中，人是舒坦的！

　　很高興為這本「故事有聲書」作序，畢竟我和李驥在生命的旅程中曾經同行一段，也曾登頂眺望風景，也曾各自踩在生命的泥淖、坑洞裡。回首一看，我們都在起伏中體驗人生。

　　每個人都可以是說故事的人，每個人都應該有一首生命之歌，希望李驥的拋磚，也激發了你「做自己」、「寫故事」、「譜寫生命樂章」的感動、衝動與行動！

　　寫給自己看的序。

李岳奇

（「優客李林」前經紀人，華威利群國際有限公司創辦人、首席顧問）

推薦序二

回味青春，回憶「優客李林」

　　這本書讓我瞬間回到年少時和音樂連結的青春歲月！

　　從共組樂團、參加各項比賽到優客李林組合的誕生，往事歷歷在目，一轉眼竟然已近 30 年了，不由得令人感嘆時光飛逝。然而好歌從來不會因為歲月而褪色。當年我們在優客李林時期共同打造了不少膾炙人口的歌曲，其中有許多是李驥的詞曲作品，如今透過李驥的敘述讓我們能深入瞭解這些好歌的創作故事，也更瞭解他的創作人生與成長歷程。

林志炫

（臺灣著名歌手、音樂製作人）

生命的旋律

　　前陣子受邀至清華大學圖書館演講，結束後在旺宏館中庭逗留，那是一個融合科技與人文的後現代建築，挑高的中庭縱橫錯置著兩根橫樑，上面寫著斗大的文字。我好奇地抬頭望向較低樑上的文字，寫的是鄭愁予老師的詩作《水巷》：「……我原是愛聽磬聲與鐸聲的，今卻為你戚戚於小院的陰晴……」

　　正想讚歎詩人能如此精準地捕捉情感的流動時，我的目光向上又瞥見稍高的樑上，錄著他的另一首詩作《偈》：「……不再流浪了，我不願做空間的歌者，寧願是時間的石人，然而，我又是宇宙的遊子……」

　　「嗖」的一下，我穿越時空，回到十四歲的年少青春，在本該入睡的深夜，窩縮在窗簷下，偷聽著收音機播放的流行歌曲。那時臺灣的校園民歌正在風靡，好多大學生拿著吉他替詩人的作品譜曲。

　　那一刻，我頭一回從王海玲的歌聲中聽見這首《偈》，少不更事的我，當時竟淚流滿面，在未經歷感情的風霜雪雨，也沒有太多生命起伏的惆悵失落，我卻為歌詞中講述生命輪迴不得自在而傷感，覺得人看似擁有手足身軀，卻依然在生命的洪流中隨遇

11

漂泊，錯失了開始，也看不見盡頭。

「流浪」這兩字如種子般在那個強說愁的夜裡，伴隨著鄭愁予老師的新詩埋進了我的心中，但也慢慢被自己遺忘。直到將近三十年後，偶有機會接受媒體訪問，記者請我用幾個字描述自己的性格特徵，我毫不猶豫地寫下「流浪基因」四個字，當時我以為這是自己獨特生命經驗的創想，絕無抄襲的可能，沒想到年過半百，在偶然的機會重見鄭愁予老師的作品，才明白生命本身就是記憶的綜合，當下是所有過去經驗的顯現，人生不缺少記憶，缺的是連結因果的智慧；生命更像是複寫，重複地刻劃穿越時空的習性。

慢慢地穿越回到大學校園，除了原來的我還站在此刻的時空等待之外，伴隨我從記憶中回來的，是再也忘不掉的旋律，就是那首按下暫停鍵三十幾年的《偈》……

我猜，我並沒有成功地將我心裡的主旋律放進你的心裡，恐怕不是所有人都聽過這首在臺灣流行過的民歌《偈》。如果大學圖書館的橫樑上刻的不是鄭愁予老師的詩作，而是讀者耳熟能詳的《上學歌》：「太陽當空照，花兒對我笑，太陽說好寶寶，你為什麼背上小書包……」，估計多數人都能找到耳畔響亮的旋律和嘴角的一抹輕笑。

《上學歌》和《偈》能被記錄在這篇文字以及我們的心裡，並不是它們原本就存在的，比如鄭愁予老師在創作這首詩的當

時，極可能有個藝術家自身的意象，然而這首詩承載了多少最原始的意象，經過民歌手譜曲演唱，在那個夜裡透由收音機流進我的耳朵，化成淚滴淌上我的臉頰，估計我所聽懂的《偈》相較詩人而言已經模糊不清了。

然而幾十年走來，這首詩對我生命抉擇產生的潛移默化的影響卻又真實存在，在自己生命的旅程中，我對這首詩詮釋的意義遠大於它的原創意象，或者說屬於李驥的《偈》已經有別於原始創作。不論你是否聽過《偈》，只要我們都能找到心裡屬於自己生命的旋律，就能讓我繼續這趟從認錯到醒覺的生命之旅。

毫無疑問，人是情感的動物，我的生命中有很長的時間在實證這句話，而記錄的手段則是通過音符。

音樂有高低起伏和快慢節奏，絕妙地對應了生命的歷程。一段帶著情緒的旋律又能精準地嵌入生命的記憶，就像那首民歌《偈》，哪怕只是歌詞片段的剪輯，都在剎那點亮所有回憶的歷程。我猜想每個人的生命故事都曾經伴隨著音樂的旋律，當那些音符重唱著過往的記憶時，不論多麼理性的思維，都會在時空交錯中迷失當下。

當然，這種因為一首歌就在時間線上迷路的能力不是每個人都具備的，我算是其中的佼佼者，我總是把一首老歌反覆播放到自己沉睡，在恍惚中重訪昔日。

大概是我幼稚園或剛升小學的年齡，家裡添購了一台能播放

唱片和電臺節目的音響。當年，這樣的設備是奢侈品，這台體積龐大的新玩意兒被製作得像一個五斗櫃，下層是揚聲器，上層一側是收音機，另一側是黑膠唱片播放台。

這個音響當然不是我們小孩子的玩具，然而爸爸媽媽因為工作忙碌很少使用，終究成為當年準備考大學的小阿姨的專屬，每逢週末，小阿姨就帶著她剛買的「學生之音」黑膠唱片來家裡播放。

儘管是小阿姨放她買的唱片，音樂還是傳入每個房間，算得上是我生命中第一堂音樂課。後來爸爸覺得這麼貴的音響都買了，當然該考慮買些適合孩子們的唱片，於是在那一年年底，爸爸送給我一張由某少年合唱團錄製的唱片，其中有一首《媽媽的眼睛》，歌詞和旋律至今我依然熟悉：

美麗的美麗的天空裡

出來了光亮的小星星

好像是我媽媽慈愛的眼睛

媽媽的眼睛我最喜愛

常常希望我做個好小孩

媽媽的眼睛我最喜愛

　　每一次想起這首歌，當年板橋五福新村舊居的客廳擺設，就在我腦海中浮現。黑色的唱機播放著音樂，我們在客廳安靜地聆聽，那昔日的時光似乎未曾遠離。

　　很快地，這張唱片被小阿姨每週一張海量的「學生之音」給淹沒，很少在唱機中播放，孩子們也走出客廳，追尋自己心中的海闊天空。只是當年的音符就像一顆顆種子種進我的心田，等待著哪天風和日麗，開花結果。

　　接下來，我們來聊聊這本書的策劃人──戴欣倍編輯。認識她是很特別的緣分，原本各居一方未曾謀面的陌生人，因為熱心的林紫老師牽線而結識。如果不是欣倍老師的邀約和支持，憑我對自己的認識，是絕沒有自信開始撰寫這本書。

　　欣倍老師倒是對我很有信心，這段時間一直協助我進行寫書的準備，比如擬定大綱和具體框架等。欣倍老師是專業而嚴格的優秀編輯，卻也配合了我的能力降低了要求，尤其在字數和篇幅上，雖然我自詡是創作者，但對於相對較長的文章的撰寫並不擅長，且與寫歌詞的方式完全不同，但是耐心的欣倍老師依然積極地給我建議，包括寫作風格和後續的行銷推廣等，如果沒有她的鼓勵，這本書是不可能問世的。

　　這本書的書名緣於我曾經創作的一首歌。認錯就像背在身上的包袱，幾乎隔三差五就得拿出來抖一下，這樣順手的姿勢讓我一直以為它已經是我生命中的一部分，不論是唱《認錯》這首

歌，還是說認錯的故事。

一直到開始嘗試用文字記錄，我才有機會更客觀地檢視自己，包括《認錯》及其他我曾經創作的歌曲，我的記憶似乎完全圍繞著李驥在轉——一個自卑自憐、懷才不遇、覺得全世界都曾經背棄自己的偏執的「人」。

而這樣的認知將偶然的緣起視為必然，輸入了自己的記憶，再通過反覆演繹純化了自以為是的孤傲，只能距離事實越來越遠。所以，不論這本書會影響多少人，它已成為我修行的救贖，感謝欣倍老師的信任與堅持。

當記憶通過文字被喚醒之後，我突然發現生命中，除了被繫縛的自己和糾結的他方之外，還有很多默默陪伴在我身邊的人，這些人在寫作中被我從記憶一一找了回來，他們都值得感謝。如果說有一個人貫串了這些故事，自然非林志炫莫屬，如果不是他願意用清亮獨特的嗓音詮釋這些歌曲，恐怕這本書也出版不了。

我一直承認和志炫彼此之間性格差異太大，若不是為了音樂的夢想，這兩個大男孩估計是沒有機會相識的。我想，若干年前的志炫家人，包括他自己，絕沒想到一個品學兼優的乖孩子會和火爆樂團的吉他手混在一塊兒。然而對我來說，志炫是楷模，他總是盡力做好交付給他的事。

關心林志炫的朋友多半知道，他在「優客」初期，是瞞著家人簽下唱片合約的，一方面是父母期待志炫接管家族的印刷廠事

業，一方面也是他不願毀棄和朋友在音樂上共同的理想，所以就算是《認錯》專輯快速熱銷，志炫家人依然被蒙在鼓裡，直到幾個月後才因為媒體的熱烈報導而發現真相。

為了兼顧家庭和理想，志炫答應父親每天投身音樂工作之前，一定先完成印刷廠的任務，因為他的父親認為所有的員工及客戶都是家裡的恩人，不能將工作假手他人。因此志炫每天得趕早拉開印刷廠鐵門、啟動印刷機、從老員工手上接過排版、上油墨印刷、搬運印刷品、送貨到客戶手上，這一折騰往往得到中午過後，幾乎每一次通告都得遲到，同時還得帶著滿手來不及清潔的油墨髒汙跑宣傳。

當年為了這些事，唱片公司同事對他的指責沒有少過，因為從知名藝人的角度來看，用這樣的打扮上通告是不專業的，然而現在回想起來，就完全明白自己的侷限，這樣的孝行就該更真實地讓更多人知道，更沒有理由批評。

如果當年《認錯》的成功是兩位年輕人歪打正著的結果，那麼志炫 2000 年的《單身情歌》和 2013 年《我是歌手》的演出絕對能說明他的努力得到認可，而從中提煉出「福慧雙運」的價值核心。所以我要借此表達對這位曾經的合作夥伴的感謝，同時也呈現我生命醒覺的過程。

當然也要感謝我自己，倒不僅是狹隘現世肉身的我，而是這幾十年來生命緣起所感得的一切。

如果不是因排行老三的我總想爭取更多的關愛，我就不會擁有對言辭特別關注的能力；如果不是從小表現平平、不善交際、比較內向，也就不會用文字表述心跡；如果不是當年住校，有更多內外驅力寫信，恐怕也培養不出爬格子的興趣；如果不是生命走到了谷底、幾乎失去前行的勇氣，我也不會尋找智慧願意向老師學習。人人都會犯錯，那就看清自己的顛倒夢想，學會認錯，有勇氣回頭，為這長時間的糾結尋找救贖。

我一直想著：還好，來得及，我能走出這一步。雖然未盡圓滿，但總算往對的方向去了，這何嘗不是一種醒覺呢？實在是歡喜。

在這本書的寫作過程中，我始終抱著謹小慎微的心思考量每一篇文章，因為沒有一個故事只牽涉自己，故事中每一個角色都是真實的生命，除了希望借這些文字對他們表達感謝，同時也期望自己不要重蹈覆轍，不要用傷害別人來成就自己。

我沒有權利代表任何一個人說出他們內心的想法，我能說的只是我的故事和改變，當然也希望正在看這本書的你想起的是你的故事。

讓我用一個真實的故事來結束這篇自序。2017 年 8 月，我在從上海到北京的夜行火車上心肌梗塞突發，對於自詡身體強健的我來說，這也是一次醒覺，一次身體和心靈的醒覺。

那個晚上，我強忍著疼痛，沒有打擾任何人，只是歪斜地躺

在火車的臥鋪上等待最後一刻的降臨，任何一次闔眼都將可能是生命的最後一次，身邊只有熟睡而陌生的鼾聲，這時候生命的價值反而顯得更清澈。

堅持到北京南站已經是隔天上午九點，我背起行囊繼續完成原定的工作，直到當天下午進了醫院，我被確診為心肌梗塞送進加護病房。那時，我才意識到生命就是如此，每一次閉上雙眼，都未必有機會看見明日的光華。

當然，我活了下來，然而，我已經不是過去的那個我，有些事情我開始懂得把握，比如對智慧的追求；而有些事情我更懂得放下，尤其是別人對我的看法。如果沒有這次生命的衝擊，我未必能面對過去的成就和失落。

《認錯｜醒覺》這本書，使我通過文字找回了生命的價值，而這些看似褒貶不一的內容，都是我對過去的回望，也是我重獲新生的學習。願我能以自己為例，讓看見的人同獲生命的智慧。謝謝你們的陪伴。

Part 1

致青春

A 青春情事

他們都猜錯
Just For You
逞強的假面

認錯 | 醒覺

他們都猜錯

我在人前人後相聚獨處的時候想念你，不管你沒有留意

　　編輯讓我寫生命故事，要求娓娓道來即可，這看似簡單的任務，實際上真難倒我了。如果這輩子有什麼能耐值得我小小誇耀的，那麼能寫幾個字肯定得拿出來說事兒，畢竟還有幾首歌和幾本書的出版留下了記錄。寫歌詞和短文我特別拿手，只要把心糾結在一件極小的受挫事情上，半場夜色的醞釀多半能讓我在晌午一口氣完成創作。

　　然而這次答應編輯的幾篇文章，字數都定在六七千左右，我用最習慣的節奏在臺北街邊喧鬧的咖啡館獨坐，卻怎麼也找不到靈感。幾週反覆地打開電腦、發呆、闔上電腦，讓我意識到自己的一種「一千二百障礙」：知道自己每天要碼一千兩百字，就開始緊張、惶惶不可終日。

　　年輕時候的我並不是這樣的，雖然小學時期也有過書寫障

礙，但總是發生在要完成學校作業之際。當時為了不寫作業，我不知道對爸媽撒過多少次謊，要不就是說老師沒有布置，要不就是明明一字沒寫，卻斗膽宣稱寫完了。

咱爹媽要養兩位姐姐、一位弟弟和我，還得抽身照顧行動不便的外婆，所以沒時間指導孩子們寫作業和監督功課的完成情況，這才讓我蹩腳的謊言能一而再地瞞天過海。只是原本該寫作業的時間省了下來，我在做什麼呢？生命最奇妙的事莫過於此了，不想寫作業的我，多半的時間卻依然在寫著寄給別人的書信。

我一直是個不善言辭的人，特別羨慕那些一上臺就能口若懸河的同學，然而老天也是公平的，賦予了在語言表達上比較駑鈍的我一顆敏感的心。我經常希望做出一些討好別人的事，來刷自己的存在感。

小學四年級時，老師要幫班上一位稍有行為障礙的同學選一位貼心的鄰座，估計全班都受過這位同學的欺負，所以沒有一個人舉手，而我感覺老師真的需要一位得力幫手，就毛遂自薦，自願調整座位到這位同學旁邊。我當然不知道該怎麼做才能幫得上這位同學，我所做的，只是在被莫名欺負的時候忍住淚水，不讓老師費神處理我們之間的爭執。

記得那個學期結束之後，我寫了一封信給這位鄰座，同時也寫了一封信給我的班導，這些信的具體內容我已不記得了，只記

得我得藉由寫些什麼，把心裡的不痛快發洩出來。

　　如果小學是人格發展的重要階段，那麼我應該是很孤獨地度過了那段時間：學校作業總是沒交、心裡的想法說不出來、一般同學的遊戲玩不來、好同學的成績攀不上，六年的學習生涯，我似乎生活在陽光照不到的陰暗角落。老師、同學們幾乎都不清楚班上還有這樣一號人物，而我也習慣了不言不語，只是時不時給別人寫一封長長的書信來宣洩自己的情懷。就算這樣，孤單的小學生最終也進了初中。

　　小學和初中的巨大轉變，發生在我升初二的暑假。雖然公務員的工資並不豐厚，父親卻一直堅持給孩子最好的學習環境，所以我們家四姐弟都在私立學校就讀。小學階段我每天得趕最早班車，坐一個半鐘頭的車程就學，這樣早出晚歸堅持到大姐初中畢業。

　　那一年大姐的中考成績一塌糊塗，大姐什麼學校都沒考上讓父親徹底死了心，把我們都轉到離家只隔一條街的公立學校就讀，這所學校離家近到聽見上課鈴聲再從家翻牆過去也不會遲到，省下了我們大把的往返時間，開始有機會和鄰居的孩子們玩耍嬉戲了。

　　就這樣的結果而言，我真要感謝大姐當年的中考成績，她犧牲了自己換來我們的解放，這對剛進青春期的我而言格外重要。

　　我們住的這個院子，是在銀行工作的父親的員工宿舍，總共

住了二十戶人家,每一家孩子的年紀都和我相仿,一群毛孩子經常在院子裡玩耍,彼此都熟稔。在這個院子最靠底的一幢,住著一戶譚姓人家,譚家兄妹也經常和院子裡其他孩子遊戲,大夥兒都像自家人一樣,只有我比較特例,我覺得譚家妹妹的氣質與眾不同,尤其她看我的眼神似乎在召喚我靈魂的深處,情不自禁的我,就給這位譚家妹妹寫了厚厚的一沓信。

由於我們住的這個院子有一個公用的信箱,所以信件只要往裡頭放,任誰家都能收得到,當然我也沒有好意思立刻表明身份,所以用了個筆名完成書寫,趁夜將信件投入公用信箱中。這件事在咱院子引起不小的騷動,一夕之間,大人和孩子都意識到青春情事正隨著漸增的年齡,在巷頭弄底瀰漫。

那一陣子,院子裡孩子出來遊戲的次數明顯變少了,雖然大家不說,彷彿每個人都明白是誰家年輕人做了傻事。然後沒過多久,那戶譚姓人家就搬走了,至今我也沒弄清楚為什麼。

這樣的事情並沒有阻止我表達自我的衝動,只是明白了,對太熟悉的人告白容易招致不可預期的後果,所以我開始留意院子以外的風景。從私立學校轉到公立學校就讀,除了學校離家特別近之外,學校的班級數量也特別多,一個年級有三十個班,其中前八班是女生班,其他就是男生班。

學校當然不希望青春期的少男少女們太過於關注異性交往,嚴格限制男生班的同學在上學時間到女生班的區域,所以除了上

下學的短暫時間之外，男女同學是沒有機會在學校交流的。

　　為了能讓我的初中生活不白過，我自願報名當交通輔導志工，就是俗稱的糾察隊，因為這個崗位不但不需要參加早晚自習，還能在上下課的人流高峰，站在校門出入口，引導男女同學順暢地通行。掛著臂章站在校門口，著實滿足了我的虛榮心，覺得在那一刻所有的師生都需要我，所有人都信任我，現在想來，這是一種不太現實的自我價值提升。

　　當然，另一種優勢是有機會欣賞眾多女同學走過校門，這一刻，我可以放心大膽地看著每一張我想注視的臉孔，而不必覺得害羞，我想這是我一直堅持擔任糾察隊最重要的原因吧。

　　那一天傍晚完成了交通導護，我們幾個初三的男同學收隊回訓導處。不知道誰提起的話題，說今天初三一班的女同學中，有一個特別漂亮的，似乎是沒有見過的轉學生。一群興奮的男同學聊得眉飛色舞地走進訓導處，發現老師們都下班了，而點名冊正雜亂地堆在桌上。其中一位同學提議：「要不我們翻翻看初三一班的點名冊吧，或許能查到這位美女叫什麼名字呢！」

　　不是我們喜歡猜謎，只是那個年代我們就讀的學校，只有男同學的制服上繡著名字，女同學只繡學號，雖然大家都對長得比較標緻的女同學好奇，卻沒有誰真的知道她的姓名。

　　翻開點名冊，四十幾位女同學的名字如繁花般呈現，這群衝動有餘智慧不足的男青年，開始嬉笑猜測誰的名字更適合剛才的

意象。我把這個班級所有女同學的名字掃視了一遍，記下了一個叫做「晴雯」的姓名，肯定是她！晴空的靚麗，又點綴著雨後虹彩的文筆，這麼美的名字一定人如其名。我把這個名字抄在手心，隨著同學的一哄而散，狀似輕描淡寫地回家了。

大姐的男朋友送了她許多精緻美麗的香水信紙。我不確定大姐是否有寫信的習慣，然而她藏在抽屜裡的信紙大部分都讓我徵用，完成了少男情思泉湧的記錄。

這天我又一次翻出了大姐珍藏的信紙，躲在房間被子裡，開始流暢地寫下我對這位想像中的「晴雯」的思念。在那一刻，我掌握的只有寫在手心的名字，以及道聽塗說的畫面，我並不確定這個名字能和那些描述對得上號。然而那一天我開始動筆後，就一直沒有停過，似乎這十幾年的生命都在為這一刻的書寫而存在。

那天，我足足寫了八張信紙才滿足，塞進信封，極端不合理的厚重，看起來都不真實。當時沒想過這封信要怎麼交到收信人的手上，也未想過當事人看到這封信會有什麼反應，我只管一直寫一直寫，直到我悸動的心趕上青春期的年齡為止。

寫信的目的就是寄出去，只是這封信太特別，沒法投寄到對方家裡，只能想辦法在學校找機會轉交，但是校園管教森嚴，是不允許男女同學談情說愛的。

好在團結就是力量，學生之間已經形成默契，每天早上各班

都需要打掃教室前面的清潔區域，我所在的初三 24 班旁邊就是 23 班，接著就是 22 班，趁著早上清掃時間，我將這份特殊的信件交給隔壁班同學，再請隔壁班同學轉交，我想，這樣應該能將我的心意傳遞到校園的另一頭吧！

你猜！齊心接力的信成功轉交了嗎？對方還真的收到了，因為沒多久，全校就在流傳初三某班的女同學，收到一封厚厚地塞著八張信紙的情書！想必也沒有別人了，會幹這個傻事的一定只有我了！

信寫了，寄了，也有人收到了，只是收信的人，真的是當時我們在校門口站崗看見的那個美女嗎？

答案在當天晚上揭曉。即將面臨中考的初三學生都得在放學後參加補習，我當然也不例外，而就在寄信的當晚，校外那個名為「狀元補習班」的課間休息時，一位同校的女同學看起來有些害羞地走向我，手上拿著一沓厚厚的東西。

那正是我今天早上寄出去的信！

相對於男女分班的學校，補習班絕對是青春期男女學生的天堂，沒有限制誰不能和誰說話，因此她了無罣礙地走近了我，毫不介意我們這群男同學們驚訝的表情，把曾經拆開又試著恢復原狀的情書放回我的手上，留給我一個輕笑，轉身走回座位。這下所有男學生都爆了，嬉笑怒罵地討論拿著情書的我，而我只能傻傻地站在那兒……

怎麼會是她！

原來我對她的名字特別有印象，是因為補習班點名時聽過幾遍，才誤將她的名字錯認成是女神給我愛的呼喚，眾裡尋她千百度，殊不知她遠在天邊近在眼前！更沒想到的是她竟然當著這麼多人的面把信還給我，這個挑戰來得也太狂野了！

下一堂課，坐在我前後左右的男生們全沒心思上課了，大家都好奇地問這個女生是我什麼時候認識的。這讓我怎麼回答？一切只是無心的邂逅啊！

下課後，我一如往常地走出補習班大門，看到她站在路邊還沒離開，那群從上課就用碎嘴簇擁著我的男孩們立刻把我推出，讓我上前去搭訕。她回頭看見我，就轉頭往回家的方向走去，我才退後半步，就被那群好奇同學向前再推三步，他們笑鬧著讓我跟著她去。於是，那天晚上，她走在回家的路上，我則跟在後面約兩三步的距離，後頭還壓著一群不讓我回頭的男生。

其實，我是千百個不願意，明明是認錯了人，最後不但被公開，還得趕鴨子硬上架，我一點都沒準備要和對方說些什麼，最後只能跟到了她家，目送她走進家門，身後那一群好兄弟才甘願放我回去。

但這次送別卻讓我知道「我住長江頭，君住長江尾」的必然，我們的家竟然在同一條街上，只是我在這頭，她在那頭，中間相隔的除了學校、補習班，還有那一沓太厚重而看不清真相的

情書。

　　總之，當內心發現愛的火苗，我做的第一件事就是拿信紙寫下來。雖然那不是唯一一次跟在她身後走回家，但一直到初中畢業，我和她沒說過一句話。除了答案揭曉的當天，對於自己認錯人感到震驚之外，這場插曲留給我的卻是一次沒有挫敗的戀情，她微笑的紅暈一直留在我的記憶裡，因為我從沒想更進一步走入她的世界，所以我們不必跳愛的探戈。

《他們都猜錯》

我常問我自己憑什麼愛上你

想走近卻增加你我的距離

我好想用一顆深愛你的心

來交換你的美麗

朋友們都猜我遲早會對你放棄

他們的眼裡都是懷疑

我說我將為了你而改變自己

等你說我願意

我在人前人後相聚獨處的時候想念你
不管你沒有留意
我會用一生一世真意誠心來證明自己
這輩子我只要你

　　固執地認為別人不瞭解自己，結果是自己一而再地認錯，別
人才懶得猜呢！

　　不過這裡還有個小故事。《他們都猜錯》是歌手陳偉個人專
輯中的主打歌曲，陳偉是優客製作人韓賢光簽約的新人。韓老師
本身是印尼華僑，陳偉是移民美國的華人，在音樂上都很跟得上
潮流，但是中文的用字遣詞就未必細緻。

　　當我把詞曲交給韓老師之後，直到專輯發行才聽到成品，和
原始歌詞有兩個字的出入，只是這兩個字改變了原創設定的人格
特質，卻沒有機會回到錄音室重新配唱，令人扼腕。

　　第一句「我常問我自己憑什麼愛上你」被改成「為什麼愛上
你」，歌詞立刻從暗戀，變成帶著些許懊惱的懷疑，這肯定不是
我這種內心敏感而脆弱的男生，能在戀情中爭取到的平等甚至強
勢的主動地位。當然，歌手是一位接受個人主義教育成長的半個
美國人，這點訛誤我覺得還說得過去，畢竟還算是人曲合一。

　　第二個錯誤讓我一直耿耿於懷，覺得整首歌的靈魂都被扭曲

的，就是副歌的這一句「我在人前人後相聚獨處的時候想念你，不管你沒有留意」，我強調的是單向暗戀！結果美國大男孩唱的是「不管你有沒有留意」。

天！如此自我率性，只要我喜歡有什麼不可以的人，怎麼可能說出下面的誓言：「我會用一生一世真意誠心來證明自己，這輩子我只要你」？他難道不明白這句話來自一種要脅？

所以雖然這首歌是我的詞曲創作在他人專輯出現的唯一一首主打歌，卻也沒給我帶來太多驚喜，果然被這首歌名說中：大家都猜錯，原本描寫一個歇斯底里的暗戀癡漢，卻被裝扮成陽光朝氣的男孩，這會不會讓知道真相的聽眾嚇一跳？

為自己壓抑的內心尋求救贖而寫歌詞，看似是種方法，只是不停地寫了許多，看得懂的人卻不多，來來往往的犯錯、猜錯和認錯，歇斯底里的情緒卻一直在那裡，連自己都沒發現，只留下散落的文字線索，等慈悲和智慧的誰來拼湊、訴說生命的意義。在這之前，我還得繼續偷借大姐的信紙，書寫從未停歇的內心湧流。

Just For You

在滿布塵埃的舊信箋裡，而你依然是你

　　把青春揮霍在愛情的大風大浪，當下覺得是一種恣意的瀟灑，等到年屆天命回頭望去，才發現攪在自己酸甜苦辣的煩惱之中，錯過身邊太多的美好。不斷施展認錯的苦肉計試圖將隨風而逝的戀情握在手中，卻從沒有醒覺自己一向的片面。

　　我接受建議，將過去的點滴記錄成書，讓我有機會反覆重溫那些自以為是的故事。原來他們還有更多視角，尤其是那些曾經在我將跌落的生命中，出手相助的美好，我決定認真地把他們想清楚，連本帶利地寫下虧欠的感謝。

　　我猜進入青春期的男女，都和我一樣對情感的發生不能抗拒，所以有很多你曾經聽過的我寫的歌，都是我在中學時期，種下的因而結的果。我是個身體發育晚熟、情感發展超前的男孩，從幼稚園起就特別在意身邊排排坐的是不是女同學。

印象最深的是幼稚園畢業演出，老師沒安排我坐在最喜歡的女同學旁邊，我就自個兒溜回家，讓爸媽和老師緊張地到處找人；小學的我經常在隔壁班窗外流連，只為想多看那個女孩一眼；中學愛上了英語老師，把她手寫的考卷私藏回家反覆臨摹。這些傻事在我腦海中反覆上映，一直到婚後才算正式結束。若以對異性情不自禁地胡亂放電，作為青春期是否持續的論斷，那麼我就像泰迪·羅賓的那首歌所描寫的，半輩子活在青春期裡。

一對一的戀情是常態，然而在我漫長的青春期，卻有幾次的感情事件屬於多角戀情，尤其在中考前的那一次，還是場八對一、比例懸殊的「戰役」，端看誰能突破重圍，踩過暗戀的界線。

初中三年級面臨中考的壓力，想要提升成績只得考慮課後補習，我和其他七位同班同學不約而同地選擇一個名叫「狀元」的補習班，望文生義，祈求自己能在中考金榜題名。

既然我們在學校是同學，放學後又得奔往同一個補習班，很自然地成為同行朋友，甚至稱兄道弟起來。一群蠢動的男孩原本能幹的也就是些無厘頭的事兒，我們這一夥幹過最大的事也就是訂做一套制服、相約騎單車到福隆海邊野營。原本完美的計畫因為我父母的阻止而有了缺憾，最終少了我的參與，其他七人按照原計劃上路。沒想到他們因為行為過於張揚，到了宿營海邊被當地幫派盯上，夜裡被流氓從帳篷中拖出來打，最後進了派出所。

我不知道父母的勸阻避免了我的滋事算不算是一件好事，只是幾個兄弟口沫橫飛地述說著這些對青春期男生而言的「英勇事蹟」，還是讓我的內心充滿了各種的羨慕嫉妒恨，抱怨父母剝奪我離家闖蕩的機會。

然而天下事合久必分，因緣際會將八位男孩子湊在一塊兒，註定得招來一個散離的果。我們就讀的初中，學生人數不少，在同一個補習班的三年級學生也不在少數，雖然就讀我們學校的女同學並不多，且上下課大都由家人接送，但是就這麼巧，同在我們補習班的學生中，就有一位同校的女同學，放學後獨自一人搭車回家，且恰好和我們其中一人同路。

這對於就讀男女分班學校的男生而言，就像是蜜蜂見到了花兒一樣興奮，哪怕只是下課後跟在女同學身後走到公車站，都能讓鮮少接觸異性的我們亢奮不已。

我清晰記得她的背影，比學校規定的標準短髮稍長一些，潔淨透亮的白色襯衫、熨燙整齊的筆直百褶裙，這對邋遢成性的男生而言，是如天人般無瑕的美景。一群男生在女同學身後嬉皮笑臉、你推我擠，像掛鈴鐺的老鼠各有各的創意，卻沒有誰敢上前把愛慕的鈴鐺掛在女同學身上。

這樣折騰好幾天，最終我們這一群之中，成績最好、年齡最長的男同學壯了膽，慢慢地靠上前，借著討論問題，終於如願和她接上了線。從這一天起，原來只是一群男生的我們之間多了一

位女成員，或許我們從此將過著幸福快樂的日子？

初中生的小戀情當然談不上天長地久，一開始我真的認為她是屬於我們每一個人的，這樣我們這群就是九個人了。然而願望與事實往往背道而馳，當她轉身迎向我們之後，原來看似義結同盟的八個人卻一個一個分開了。

頭一個搭訕的男生因近水樓臺，很自然和她走得更密切，於是下課之後，原本的八人同行開始轉變成兩個人走在前面、剩下的跟在後面的局面，剛開始，尾隨的七個人還能嬉笑遊戲，但隨著前行的二人和我們的距離越拉越遠，跟班的心情也越來越複雜，最後只剩下一片化解不開的沉默。接著私心的悄悄話開始蔓延，似乎每個人在心中都存著些意見，大家開始不談彼此、不說將來，見面只剩儀式性的問候和自以為是的論斷，或許也有一部分是來自考期將近的壓力。

和她走到一塊兒的那個男生在各方面表現都十分優秀，然而放榜的中考成績卻落在中間偏後的位置，這是出乎眾人意料的。這位男生不能接受自己的表現，將考試失利的原因歸在她的身上，認為是對方害的，所以和她大吵一架，鬧得不歡而散。

或許他們的故事在這一刻畫上了句點，對我而言卻是一個大大的轉折——原本在外形、口才和成績上毫不起眼的我，中考成績卻在八人中拔得頭籌，讓我增添了自信，於是，故事下半場便換我上場，走向前去。

　　畢竟還有半年的同學情誼，我單獨給她打了電話約她見面、藉口談談畢業後的安排。隔了幾十年，我真的不記得那天下午談了什麼，只記得她告訴我百褶裙和白襯衫該怎麼洗怎麼摺、每個摺痕該怎麼燙才能整齊，認真的口吻和臉上的雀斑十分混搭地保存在我的記憶中。

　　那一刻的我覺得自己是個勝利者，終於甩開了其他人、在沒有跟班的狀態下，和心中的女神單獨約會。我以為這樣可以是永遠，直到那天傍晚陪她走到回家的公車站，我問出了她還沒放下的心痛：

　　「你和他究竟怎麼了？」

　　在那個我們開始友誼的公車站前，她的淚水奪眶而出，真的像斷了線的珍珠。直愣愣站在對面的我不知所措，不懂得上前抱緊她，也說不出安慰她的話，只能看著她淚流、轉身、上車、離開，才懂得空間距離的遠近和心靈距離的親疏全然沒有關係。

　　暑假結束後，她去了淡水的一所私立高中，我進了新竹一所專科學校。那半年，相隔百里之遙的我們保持了每週兩封書信的往返，這頻率就像是戀人一樣，她還邀請我參加校慶，羨煞了當年一起跟在她身後當跟班的幾個男生。然而只有我知道，我和她的戀情，開始於我們單獨約見的那天，也在那天傍晚的公車站牌下戛然而止。

　　初中畢業的那年深秋，選了她生日的晚上，我帶著這一週該

回給她卻還沒寄出的信和一束花來到她家巷口，與她見面。如同第一次見她一樣：整潔的衣裳和稍長一些的短髮，不同的是她看我的眼神，我們已經習慣只有兩人約見的場景了。

還是那個距離，我一直沒有找到更靠近她的方法，更別說什麼親密的動作！我和她，除了書信中的親近，面對面只有筆直地站著、看著對方。

「生日快樂！」我把花和書信遞給她。

「謝謝你，這麼貼心……只是不能請你到家裡來坐坐，爸爸在家……」看得出她見到我很開心。她很自在地向我道謝，也讓我知道，我們只能在她家巷子口站著。

「……沒關係，或許下次有機會……」我躲開她的眼神，擔心她看出我有些失落。我下意識環顧四周，這是一條在大街旁僻靜的弄堂，沒有閒人穿過。

「你家好安靜呀，如果不是你住在這兒，我想我是沒有機會走進來的……」

調整好情緒，我再度看著她的眼睛，在夜裡，她的眼神顯得特別朦朧，一方面是因為雖然她有些近視，但因為擔心顯得醜而不愛戴眼鏡；一方面也可能是夜的來襲，阻隔了我們之間縮不短的距離。當然也可能是，我從來沒有辦法在她的眼中找到我期待的答案。

「不過，我會記得這條巷子，一輩子，因為……」擔心這麼

說會嚇到她，我調整了一個比較俏皮的語氣：「因為，每年我都會來祝你生日快樂！」

聽完，她呆了一會兒，然後再用她原本燦爛的笑容回應我：

「好呀！說定了！我也會記得你的生日！」

她回頭看了看家的方向，似乎擔心被家人發現：

「謝啦，我得趕緊回去，免得老爸起疑。改天找上大家，我們一塊兒騎車去！」

她搖手、轉身，消失在夜色中。不甘願的我還是把不該問的那句話問出口：「他……去過你家嗎？」

聽見這句話，她停下腳步、沒有回頭，站在夜色中點了點頭，接著她慢慢邁開腳步，走進撕裂的夜幕之中。

《Just For You》

這是為你寫的歌

在我們不再是戀人的多年以後

我試著回憶

Try to remember

什麼原因叫我離你而去

往事卻不復記憶

對我來說總有些心悸

雖然世故的我並不想擁有什麼

就讓我停留讓我停留

在滿布塵埃的舊信箋裡

而你依然是你

在曾是屬於我們的年少時光裡

塵封中的回憶竟亮麗如昔

卻怎麼也不能看清你的眼睛

也許是曾經失去

曾經傷心

叫我迷惘地忘記你

就不願再提起

每年深秋我總要說

Happy birthday祝福你

而這首歌

Just for you

　　故事到這裡還沒結束，或許令你意外的，是我和她走近的同時，我也和另一個他成為莫逆之交。她和他的分手是我們哥們間的大事，不論大夥心裡怎麼想，嘴上都盼望著他們能和好，而我就是投了個機，毛遂自薦擔任雙方的傳話人，這才爭取到和她單獨約見的機會。

　　這位男同學姓胡，住家距離學校不算近，倒是離她家不遠。初中時期並不作興拜訪同學家，主要是當年大家收入不寬裕、孩子又生得多，誰家都沒預留給孩子戲耍的空間。但是他家我經常去，一家人我都熟，或許多少有些補償心態。

　　在八個同學之中他的年齡最長、我的年紀最小，但並未因此我就不懂得耍心機，和老胡套近乎，有大部分原因是打聽他的行程安排，避免發生出乎意料的尷尬三人行。那天在他家舊公寓樓梯口，我盤算著通過自我暴露來贏得對方的信任。

　　「老胡……前兩天我見到她了……」

　　我小心翼翼地描述我和她的會見，感覺起來就像是我偷了他心愛的玩具一般。

　　「哦，她愛怎麼著就怎麼著，和我沒關係……」

　　老胡若無其事、隨口回應著，這樣的態度還是讓我比較放心的，我的願望當然是他們倆徹底掰了。為求慎重，我選擇性地透露會見的場景：

　　「提到你，她哭了，哭得很傷心，她一直說對不起、是她不

好，希望你能原諒她……」

說到這，老胡扛不住逞強的假面，提高了嗓門，眼眶裡開始泛著淚水：

「原諒她？那誰原諒我呀？中考成績這麼差，連特別開明的老爸都看不下去了，這都是她害的……」

老胡說得很激動，似乎他們之間真的發生過什麼隱蔽的大事。「反正接下來我們各走各的，她的事別在我面前說，你要是喜歡她，但追無妨！」

他們之間發生過什麼已經不重要了，我知道自己的介入，間接導致他們復合無望，這不正是我期待的嗎？此後，我繼續分別擔任他們的好朋友，卻從來不在他們面前提起對方。我們一直是朋友，相同的是我分別參加了他們的校慶、慶祝他們的生日，而我的書信我的歌卻不知為何只為她寫。

《Just For You》是我第一首以民謠風格創作的歌曲，現在看來竟然不復深情，甚至有些可笑：我更像是成了他的傀儡，代筆寫下他倆的愛情故事，最後交給一個完全不知情的好聲音演唱，我在其中反而失去立錐之地。稱不上橫刀奪愛，當年的我依然存著乘人之危的心態，是我無論如何都該懺悔的。

他們的故事點亮了我對愛情的筆觸，是時候把這首歌獻給幕後的原創，謝謝你們讓我欣賞了這一齣青春愛情短劇，這首歌，Just for you。

逞強的假面

你將不會知道我深深的情戀，在這幾年我只是孤獨的思念

　　當然上述的兩段插曲都還屬於兩小無猜，基本上除了曖昧啥
也沒發生，只能說明我的青春期浪潮比別人來得更猛烈一些，就
算一點兒小情緒也能讓我糾結半天。

　　初中畢業，我進了新竹一所五年制專科學校，由於是工科學
校，男女比例落差更為明顯，導致思春男子期盼愛情的浪潮起伏
得更加猛烈。和一群男同學住宿，我真是靠寫信熬過青春期的，
所以《Just For You》的女主角肯定是我的救命恩人之一，每週兩
封信讓我有信心能堅持十八週的單身住校生活。

　　明新工專當年的住宿條件就是一間空無他物的房間，裝上日
光燈和開關，再放進四張雙層床及四個上下層儲物櫃，就讓八位
頭一回離家的大男孩入住。看來我註定要和七位同性同行，就算
脫離了初中一塊兒補習的夥伴，還得在專科再次重組，我再度成

為八人行中最年輕的那一個。一群羅漢腳整不出新花樣，我們依然是約著寒假出遊，八個人一起報名參加阿里山之旅。

這一次爸媽覺得我都能獨立住校了，參加四天三夜的外宿活動應該沒有問題，所以沒有像初中宿營那樣的阻攔。選擇寒假登上海拔兩千多米的阿里山，在體能適應上算是小小的挑戰，但更大的挑戰來自參加營隊的學員組成，由於這樣的營隊接受全臺所有類似性質的學校報名，所以學員等於是同齡學生的隨機抽樣，男女學員比例基本達到一比一。如此平衡的狀態在我們學校是不可能出現的。

以我來說，小學畢業後就沒同時見過這麼多女同學，這樣的感受自然是興奮的。或許就在這種氛圍的刺激下，一向木訥的我竟然在營隊第一天舉手自薦，擔任了這四天活動走在隊伍最前面舉旗的那個人，這是此生我個人曾做過的重大突破，這個舉動帶給我一段不可自拔的單戀。

曾經到過阿里山的人都知道，阿里山森林活動的主要項目就是看日出和神木，而行動方式基本上就是靠走的。拿著隊旗走在最前面帶隊的我第一次到阿里山，自然沒有預設的方向感，所以過程中有一位在阿里山活動中心服務的駐站領路陪走，也就是這三天的陪同陪出了這場單戀。

其實，我們八個人原本沒打算報名阿里山活動，只是因為其他更吸引人的項目沒了名額，而我們都已經和家裡告了假，最終

才選擇上山。而同學們也從沒想過平常沉默寡言的我會主動舉手擔任大隊長,更奇妙的是完全沒有其他人想要競爭!

　　就這樣機緣巧合,我和這位駐站服務員——一位整整大我三歲的姐姐並肩在杉木林中漫步。她和我的生日同一天,知道這件事的時候,我們剛選完大隊長,領隊正在和明天要同行的駐站服務員介紹我這位自願舉旗的大男孩。不過我完全想不起來為什麼會提到生日,畢竟生日這件事對我來說是比較敏感的,好像讓人知道自己是處女座容易惹人嫌棄。但聽見她很大方地說出自己的生日,內心有些觸動,看著對面一頭長卷髮的姐姐,莫名的情愫開始在心底醞釀。

　　為了要登祝山看日出,第二天所有人起了大早,摸黑趕往阿里山火車站,乘坐小火車上祝山。太陽還要一個鐘頭才升起,四周一片漆黑,氣溫還特別低,這麼多人擠在登山小火車的車廂中,幾乎沒有迴旋的空間,這時候我可以感覺到身邊人的溫暖。我已不記得那時日出的模樣,估計是因為起太早犯睏,對於自然景觀沒有特別留意,直到太陽躍出山頭,大地恢復光明,我才意識到溫度的回升。

　　下山我們沒搭車,而是從登山階梯步行返回活動中心,這時候神奇的事情發生了:我身邊的她在每一階都和我同步,一樣的邁步,一樣的頻率,就這樣比肩從山上回到中心。

　　阿里山森林步道隱藏著許多淒美的愛情故事,從阿里山火車

站沿步道下行至姐妹潭之前，會穿越一個天然形成的樹洞，這個樹洞被稱作鴛鴦洞或是情人洞，已經不復記憶。聽當地人說，如果男女同時走過這個樹洞，就能有情人終成眷屬。

聽到這個故事，我腦子裡浮現的就是從祝山頂上一路在我身邊的駐站姐姐的容貌，或許一會兒參觀森林遊樂區的時候，也會是她走在我身邊。果然，早餐結束之後整隊出發參觀，她依然在排頭等著替我們引路導遊，於是我們再度並肩、同步，用近乎完美的步伐通過了那個橫跨步道的樹洞。

「就是她了！」我極力控制內心的狂喜，繼續在接下來每一次前進的腳步中，注意她是否與我同步，而答案當然是肯定的。我們一步不差地走完整個遊樂區步道，儘管中間曾許多次停下來參觀拍照，然而每一次的再出發都是精準地配合，我心想：這真是神奇的緣分！

這樣的營隊結束後，總會發展出幾場新戀情。事實上，也有其他女隊員結束後主動寫信給我，只是我已心有所屬。營隊甫一結束，我立刻展開最拿手的攻勢：每週給她寫兩封情書。雖然她大我三歲，但我覺得無所謂，因為我相信那個傳說和我感受到的頻率共振，她註定是我的。

信件中我直呼她的名字，用情侶的方式書寫內容，我相信她一定也和我有同樣的感覺。只是收到她第一封回信，我開始不那麼確定了，其實不論她信中寫些什麼內容我都是歡迎的，然而她

的署名「易芳姐」卻是我萬萬不能接受的。在這之後的每一次回信我都必須再三斟酌：我究竟該用什麼抬頭稱呼她？以及用什麼署名表明自己的立場？

　　用她來信的署名稱呼她姐，我是絕對不能的，然而直呼其名似乎也有不夠恭敬的嫌疑；而署名「弟弟」當然也是萬萬不能的，因為提不起勇氣以平輩自稱。所以在接下來的大半年中，從我手裡寄給她的每一封信，都是沒有抬頭也沒有署名的信件，但頻率依舊是一週兩封。

　　我真的很好奇，在三百多個日子裡收到接近一百封沒有抬頭也沒有署名的信，她會作何感想？我試過一次，在她正巧來到我的城市時約見，當然還是通過信件發出邀約，她欣然答應，在這封回信中她反覆強調希望再見見這位十分獨特的弟弟，我便歡快地安排和她見面，看一場電影──《軍官與紳士》。

　　雖然一起觀看了一場愛情戲，但嚴格說來，我沒看懂，或是我根本沒有心思看電影，只能胡思亂想接下來我們會發生什麼。當然，如你所料，什麼都沒發生！

　　我們只是從山上的比肩變成了街頭的相對，很熟悉的距離，半年多前我才在深秋的一條社區巷子裡經歷過，我依然不懂怎麼走近她的舒適圈。她掌控了談話的內容和節奏，一如我家虛歲二十的大姐，雖然我精心裝扮，然而自以為是的帥在她眼中折射出各種角度的孩子氣。

　　電影散場，結束單獨約見，卻沒有進一步發展，包括我認定的同頻同步也消失無蹤，而我還認為是臺北的街道不平整，害我跟不上她的腳步。

　　這些事情並不影響瘋狂愛慕者的企圖心，仍然一週兩封書信，依舊沒有抬頭署名，我繼續癡癡地等她忘記我們之間相差三歲的事實。學期結束，暑假耽誤了我們的書信往來，再次開學，我升上了三年級，而她從阿里山腳下的那所商專畢業，順利考上臺北的大學的插班。

　　開學初我很驚喜地收到她的來信，告訴我她的新地址，以及她的新大學生身份，我仍舊以每週兩封的頻率投遞信件，但整個學期，我只收到了二封信。

　　這件事不是個祕密，至少對一同參加阿里山活動營隊、住在同寢室的七位同班同學而言，我魂不守舍的狀態他們都看在眼裡，甚至好幾個夜裡，我帶著她從大學寄來的信件，蒙著棉被徹夜痛哭，這幾個大男生嚇得不知道該怎麼辦，原本同寢好友習慣的促膝夜談也因此打住，八個人在寢室裡度過了最寂靜的學期。

《逞強的假面》

當我將你的影子裝進心田
就註定要承受一輩子的思念
我後悔的心想把你從日記中忘卻
才發現自己不再有懂得笑的臉

你將不會知道我深深的情戀
在這幾年我只是孤獨的思念
I try to tell you
告訴你我的思念
只是我已經取不下逞強的假面

逞強的假面
孤獨的思念
忘記笑的臉

　　還好當時不作興心理諮商，否則這種狀況的我肯定被認定有精神官能症。折騰一學期，終於迎來第二個寒假，同寢室的室友

決定不放過這次機會，再次帶我參加登山的營隊：這一次跳過阿里山，選擇參加挑戰全臺最高峰的玉山登峰隊！這下可讓我徹底明白，不是每座高山都有淒美的愛情故事，大部分的登山需要靠自己的毅力堅持走上去，才能攀登生命之巔。

在登上將近四千米的玉山主峰、在凜冽的寒風中顫慄的同時，我彷彿真的將發生在阿里山的那一切踩在了腳下。原來我還有能力讓自己挑戰生命的高峰，不會因為一次不完美的苦戀而奄奄一息。

靠著玉山登峰和新戀情，我在一年之後走出了情傷。直到八年後，在出專輯之前，我把這段故事寫了下來，收錄進優客李林第一張專輯裡。出版後我帶著新專輯，給她打了電話，約定了我們此生第二次的單獨會面。

地點在桃園火車站前的麥當勞二樓，距離阿里山的初次相見，已經八年了。我一眼就認出幾乎沒變的她，標緻的五官、飄飄長髮，還是那令人心動的模樣。

我不知道她是否真的認出我，畢竟那個時候我的專輯大受歡迎，媒體頻繁的報導，讓很多人都知道我的長相。我不想知道真相，因為真相並沒有那麼重要，我拿出專輯，簽上名遞給她，並且告訴她其中有一首寫給她的歌。

她還是掌握了會見的節奏，依然像個姐姐，或許是為她寫的歌真的討好了她，她顯得比上一次見面時熱情一些。她接過專

輯，回答了我的提問：她結婚了，另一半是法官或檢察官我已經記不清了，這不重要！雖然這個答案間接地解答了我的疑惑，她考上的是北部大學的法律系，一個學期只能回覆兩封信的原因，多半是有另一個人走進她的生活。

之後她還對我說了好些話，我一句都想不起來，她留給我的記憶好像就終止在她提到另一半職業的剎那，然後就回轉反覆，從我和她在山上的腳步開始，不停地輪迴、不斷地心痛。

在發表過的音樂作品中，《逞強的假面》這首歌我還是比較喜歡的，至少它完整地傳達了我有些歇斯底里的情緒衝動，從詞、曲、彈、唱一氣呵成，證明優客李林的默契是存在的。

我和韓賢光老師約定在出書之後要選幾首歌重新編曲，到小酒館彈唱，但歌單中不會有《逞強的假面》，因為它已經完美定格。在錄音室裡，這首歌早已用最原始的意象表演完，並被記錄下來，但我可以為這首歌敬酒：敬我的年少輕狂，敬我和志炫曾經的默契，敬還留在山上的單戀。

Part1

致青春

B 年少輕狂

認錯
不知所措
十分之一
後悔
現在不想見你

認錯 | 醒覺

認錯

I don't believe it.是我放棄了你，只為了一個沒有理由的決定

　　一般而言，犯錯的人總能覺察自己的無奈，然後把傷人的動機都歸結在那份無能為力之上，最後，連承諾都因為不作為而煙消雲散了。

　　每次說自己有一段靦腆內向的青蔥歲月，都惹得身邊人不由自主地壞笑。長著一副不懷好意的模樣，朋友們直接替我的人格特質做出定性：花心以上，浪漫未滿。我也習慣了，經常想說幾句體面的祝福詞，到別人耳朵裡聽起來就成了明褒暗貶之詞。怪只怪爹娘給了我一張嚴肅的臉，又怪自己當年出道非得戴上一副墨鏡。

　　人長得再怎麼不清純，依舊得走過青春發育期。印象中自己從來沒有明顯的叛逆，但是追女孩這種事可沒少過。我明白，當我說自己真不是一個油嘴滑舌的男人時，你們怎麼都沒法相信，

但如果真靠耍耍嘴皮子就能贏得異性的青睞，我何苦每次都得寄出寫了幾十張信紙的情書作為暗戀的開場白呢？而且小學五年級，我第一次嘗試寫情書的對象還是咱家鄰居妹妹，就算每天低頭不見抬頭見，我還是無法當面用語言表述內心的情意。

還沒有進入青春期就懂得寫情書的我，進入青春期之後，就寫得更厲害了。尤其在就讀了有寄宿制度的五年制專科學校之後，貧乏的學習生涯中收信、寫信更是少數的生活樂事之一，在這樣的環境刺激下我更常提筆。幾乎每一段感情故事，都是從寄出一封情書開始的，對我而言，就像簽下了一份承諾，我願意給對方源源不絕的感情付出，並且可以完全是單向的。

就在當時，我開始跟一個小我三歲的女孩交往，或者說，是她給我機會重新認識感情，也是她使我開始創作一首首改了又改的歌曲。

一如往常，認識對方後，我們抄下彼此的住址便開始通信。魚雁往返畢竟和現代通訊不一樣，思念得通過文字、穿越時空往返在戀人的筆觸之間。雖然同時和我保持通信的有好幾位，只是這個她不一樣。

幾乎每個週末，我們都會在教堂的小角落固定見面，而每一次的會見又刻劃了信件中思念的模樣。很快地，我們的關係不再被文字侷限，身心的每一官能都熱烈地接受彼此的眷戀。在整個青春期，我們相互承認是對方的戀人。

「咱們滿二十就結婚生孩子吧！這樣四十歲就能當爺爺奶奶了！」

這段戀情能夠持續八年一定不是因為我專情，環境是重要的因素。我就讀的學校位於新竹鄉下，平時住校，只有週末才能北上逍遙，五年學習結束立刻趕上兩年軍隊服役，同樣只有週末休假才能親近女性，沒有刺激花心基因發作的外在環境，才讓這段感情得以延續。

我們早就習慣對方在自己生活中出現的方式和頻率，包括彼此家人都認定非對方莫屬，我們便開始考慮結婚、買房、生孩子的事兒了。一直到了我從部隊退伍進入職場，真正的挑戰才登場：原本不存在的誘惑在工作環境中無所不在，本來從不懷疑會一直和對方走下去的信心也開始動搖。

練習和一個人相處得花八年的光陰，而決定和一個人分手，只要一個念頭。某天晚上公司安排加班，派我和一位隔壁部門的女同事一起應付電腦系統新裝機的案子，客戶隨口誇了我們貌似金童玉女，特別登對，當晚我就心亂如麻了。再加上和女友相處久了，生活瑣事的煩心很容易讓人想要逃避，而新相逢的浪漫憧憬卻教人心醉神迷，所以，那段戀情七年不癢八年癢，在工作三年後，我提出了分手。

我不是很記得當時自己和對方的情緒狀態，可能是我自認做好了準備，沒有什麼留戀，所以也不關心對方的狀態。記得決定

分手那天，我把八年來收藏的每一封和她往來的書信，從盒子裡取出燒掉，就像是燒掉自己曾經給出的承諾一般。

明明是早就做下的決定
到了今天還是不確定原因
模糊的神情似乎還有淚滴
怕自己不懂將分離燒仔細

另結新歡自然是只見新人笑不見舊人哭，我算是心願得償，沒什麼要揪心的。只是無巧不成書，新交往的這位女同事，住在前女朋友家附近，直線距離不超過一千五百公尺。我不信邪，雖說小小世界真奇妙，但也不會一條路上的所有人都天天照面，況且看似我主動提分手，或許對方琵琶別抱也不一定，若遇上了，正好祝福各奔前程。所以，我還是繼續著新戀情，殷勤地溫馨接送，一直到將近一個月之後……

送完新戀人回家的那個週末下午，臺北一向陰暗的午後飄著細雨，我沒帶傘，也沒打算搭車，順著路延伸的方向信步向前。

不記得當時在想什麼，只是任由思緒帶著腳步前進，怎麼也沒想到，在一個熟悉的街口我便停了下來。這條街再熟悉不過了，過去的八年，幾乎隔幾天就要在這條街上走幾個來回。這條

街底就是前女朋友的家。

那是臺北的舊社區，也是一條老舊的街道。一條窄而短的道路，站在街口瞪眼瞧，就能望見街底房舍的形狀。回憶倏地湧上心頭，驚呼：「我怎麼會做出這樣的決定！」

我不清楚人的一生究竟能有幾年，但是一場八年的陪伴絕對是感情的堅持，而我卻被莫名其妙的浪漫沖昏了頭，沒有考慮彼此曾經的付出。我想起自己在第一封信中簽下的名字、為對方未來做出的承諾，難道都隨著燒化的紙灰飛煙滅了？我心急地揮手撥散心中還在燃燒的信件，試圖找回曾經的模樣，才發現自己陷入思緒的懵夢中，回神過來，不知不覺已經走到街底，站在那扇熟悉的大門前。

一層半的矮平房坐落在窄小巷弄的拐彎處，漆門色彩斑駁，八個寒暑的記憶留在了一層層新刷再淡去的油漆上。

強烈的負罪感迎面襲來，我意識到自己做錯了，無論如何，我都欠對方一個道歉，這八年來自己的自私一定讓對方過得很辛苦。於是我舉手敲門，想用一聲「對不起」來回應這段感情，只是不論怎麼敲都不見有人來應門，恐怕是她不在家。既然都到了，我決定等一等，等她回來當面道歉，我退到路邊屋簷底下，豎起衣領，在濛濛細雨中試著等待曾經的戀人返回。

傍晚七點的臺北街頭，放學、下班的行人匆匆地在路上穿行，大步踏向溫暖的家。天色漸暗，這條街上屋子裡的燈一盞一

盞地點亮了，唯獨對面屋裡的燈依然暗著。夜漸深、雨漸密，那些夜歸人都加快了腳步，急匆匆地想從清冷的街上消失，就這樣到了午夜，冷冷的北風、淒淒的夜雨、孤單的路燈照著孤獨的人影，最後就連我也不明白，為什麼自己一直沒走。

或許想讓道歉顯得慎重些，我堅持了半個下午和一整夜在等待，我就這樣在屋簷下站到清晨。天漸漸亮了，雨漸漸停了，站了十幾個鐘頭的我聽到街口傳來馬達轟鳴的聲音，接著，一輛從街頭駛來的跑車不偏不倚地停在門口。

那是一輛嶄新的進口名車，駕駛者是一個男人，似乎一旁還坐了誰。我正邁出屋簷，想藉曙光分辨來者可是我等待一夜的她，一步，再一步，我總算看清了，是她！原本想要道歉的我這時候卻停了下來，因為我不僅看見了她，也清楚看見她和他正在車裡吻別！

這不正是我期待的嗎？為什麼面對這樣的場景我卻覺得心痛？她找到了可以依靠的肩膀，為什麼我的反應卻是震驚？擔心晨光暴露了臉上的失落，我悄悄地退回屋簷，眼巴巴地看著她推開車門再關上車門，打開家門再緊閉家門，接著，對面屋子一整晚沒有亮起的燈點亮了，但我心房的燈卻同時熄滅了。

我像幽魂一樣離開這個熟悉又傷心的地方，究竟怎麼走的，至今仍想不起來。一段感情就這麼徹底結束了，瀟灑的轉身不帶走一片雲彩，留下的悲戚於記憶中反覆念想。

　　放心，我沒那麼脆弱，後來還發生了好些事，比如，新戀情的戛然結束，再後來是譜寫了《認錯》這首歌。整個過程雖然消沉，但我依然挺著，並且反覆思考究竟發生了什麼。人生似乎就是反覆認錯的輪迴：我們先因為一時衝動做出承諾，然後不斷嘗試努力維持，最終意念轉變，一切煙消雲散，最多留下一句「Sorry」。

　　如果真是這樣，那麼只要不做出承諾，也就不用這麼辛苦地堅持，做不到也不需要道歉，一切跟著感覺走，這樣多好！

《認錯》

I don't believe it. 是我放棄了你
只為了一個沒有理由的決定
以為這次我可以承受你離我而去
故意讓你傷心卻刺痛自己

一個人走在傍晚七點的 Taipei City
等著心痛就像黑夜一樣的來臨
I hate myself 又整夜追逐夢中的你
而明天只剩孤獨的心

怎麼才能讓我告訴你我不願意

叫彼此都在孤獨裡忍住傷心

我又怎麼告訴你我還愛你

是我自己錯誤的決定

最後,說好的在一起呢?認錯還是有效的,逝去的戀情被成功救援,我們似乎回復原本的關係,這算是個好消息。只是也有壞消息,《認錯》這首歌並不是原創!

別驚訝,非原創絕對不是抄襲,而是原曲有一個原配歌詞,意趣和《認錯》大相徑庭:

《掌聲響起》

掌聲響起的剎那我便轉身離開

因為那不是我所期待的喝彩

昨天的失敗是不是從此就不能重來

追求自我的腳步也就此放慢

一個人走在傍晚七點的臺北車站

依然喧鬧的街卻寂寞如午夜一般

一雙雙冷漠的眼都在嘲弄我的無奈

以為年輕的心從此不再

生命中總有許多事叫人不能釋懷

你又何必在乎那短暫失敗

直到有一天我們共創未來

你會知道年輕的吶喊依然存在

　　這是參加歌唱比賽失利後寫的，既是寫給志炫，也是寫給我自己。

　　我和志炫從二十二歲起參加過無數歌唱比賽，只要是一起搭檔的，從來沒有得過名次。1990 年，在退伍三年之後，我們決定孤注一擲，參加最後一次比賽，若再名落孫山，我們就認命回家。那一年我們的組合特別強大，除了我和志炫之外，還特別邀請當年臺大吉他社社長詹兆源，強強聯手。

　　果然我們一路過關斬將，從海選一路殺進十二強的總決賽。總決賽的自選曲採用了才在幾天前完成的創作《流星》：

《流星》

在望著第一顆墜落自夜空的流星

我想你會知道該怎麼定義生命

在望著第一顆墜落自夜空的流星

我想你會知道該怎麼定義生命

在望著第一顆墜落自夜空的流星

我想你會知道該怎麼定義生命

而我就是那顆將墜落你心海的流星

告訴你沒有誰能夠永遠年輕

生命中的每個腳步都是那麼艱辛

是不是就要放棄年輕的一些權利

我將在屬於你的星座上留下一點點軌跡

告訴你不要放棄　不要放棄

　　如果你以為優客李林的音樂靈魂是所謂的城市民謠,那絕對是被唱片行銷的包裝誤導。在那一次比賽,我們完全以警世的搖滾風格呈現,台下則是報以如雷的掌聲,我們以為我們終於做到

了！

　　成績出爐，十分意外，我們非但沒有奪冠，甚至沒有名次，原因非戰之罪，原諒我不具體說出，因為時間久遠不可考證，不便多言。全場最不能接受這個結果的就是我們三人，原本趾高氣揚的狀態一轉成了垂頭喪氣，只想趁著大家還在為優勝者歡呼的紛亂，逃離比賽現場。

　　那是在臺北市忠孝東路上的老牌百貨公司頂樓，我們搭乘電梯降到底樓，直接步上臺北最熱鬧的街頭，我們卻什麼聲音都聽不到，感覺悄然如午夜，只是信步向前走著。志炫得從臺北車站搭車回基隆，我們三人一言不語地從忠孝東路三段走到忠孝西路的臺北車站。一路上，覺得所有人都在看我們，那些投過來又逃不開的眼神，都像在嘲笑我們自以為是，就這樣走走逃逃，這一路我們像走了一輩子那麼長。

　　到了車站，該上車了，我想還是該說點什麼鼓舞人心的話，於是伸手拍了拍志炫說：

　　「我們……一定……還有機會……」語焉不詳的幾個字，連我自己都不清楚想說的究竟是什麼。志炫也只是點了下頭，轉身搭上回基隆的車。

　　現在想想，當時我應該認錯的，《流星》的歌詞不就暗喻了我們即將墜落嗎？身為創作人，如果當時改寫一首類似馬到成功的歌，會不會結局就不一樣了？

　　改歌詞幾乎是不能的事，當年我的經紀人為了讓我們的創作能更朗朗上口，特別從名校中文系聘請了一位女高材生陪我修改歌詞。那個場景我至今仍記得，我坐在桌子這一頭，她坐在另一頭，從頭到尾我都把雙手交叉在胸前、下巴抬高，對她的建議保持沉默，偶爾以「子非魚」的立論回擊。溝通不到半個鐘頭就結束了交流，因為隔天她就丟下辭呈不幹了。

　　「我的創作都是真實的情緒，怎麼能說改就改？」

　　然而，我的底氣沒有想像中強，在第二次改歌詞會議上，我屈服了，因為這次換成了點將唱片老闆坐在桌子的那一頭，她直截了當地批評：

　　「這首曲可以，歌詞要重寫，你們還不到可以談什麼生命意義的位置，只能談談小戀愛！」

　　唱片公司老闆說中了，結局的確不一樣，因為《認錯》歌詞的改寫，搖滾客的情緒被包裝得柔和，我們對音樂的堅持也放低了，然後，大家就認識了我們。而最少有一段時間，我幾乎都不認得自己了。

　　隨著更多人傳唱這首歌，她的故事反覆被翻唱、述說、論斷，這一切都不是寫歌時能預期的。就像原來的歌詞，如果堅持，或許不會有令人羨慕的受歡迎，但是放棄，換來的又是反覆的認錯，聰明如你，會怎麼選擇？

不知所措

只有自己愛上你的夜裡我不知所措，讓你輕易地把我的心帶走

　　雖然我知道，試圖將內隱的個人經驗泛化成外顯的宏觀價值，是極度危險的，但是我依然相信所有人都和我一樣，將初戀視為永恆：不僅是初戀當下，把自己和對方的相處視為天長地久的必然，就算戀情結束，仍會在內心保留一隅永恆的空間，收藏過程中的感動。

　　以上是我歸納個人戀情史，在生命老化之後通過引發回憶、召喚感受、權衡排序後得到的第一手資料，但也能從外部的二手資料交叉檢驗：《認錯》、《Just For You》更能引起聽者的共鳴，是因為它們都來自陳年的愛情故事。

　　可能你會提出《輸了你贏了世界又如何》等非本人創作的優客李林歌曲，這樣的質疑，不悖於我提出的論點，這首歌同樣來自詹兆源深刻而真實的失戀，說明生命早期發生的感情，越能強

烈地刻劃在人的心底，不僅是創作者，也同樣刻劃在演唱者或是共鳴者的腦海。深情似乎有獨特的通路，那種別離的痛，感染著每個人。

因此自作多情完全是可以被理解的，沒有人能夠假裝多情，如果他們的心裡沒有種下多情的種子。對不起，我相信種子的詞義你們是理解的，卻有極大的概率誤解多情的真諦，多情的意義完全不是一種定量的分析，比較接近的描述是易得性。

某人對情感的需求極容易被引發，才算多情，只是一般人看來，等同於經常發生，所以才被誤解成頻率上的密集。人絕對是感覺的受體，所有的行動都在回應感覺刺激，所以多情是被動的、服膺外界感覺變化的。

毋庸置疑，身邊的確有些人多情，如果你懂得用緣起的角度看，會發現所有人都是多情的，只是不同的人對不同的感覺作出反應。多情的人一定是在過往宿生，通過生命的學習將許多感覺連結複製在大腦中，或許再加上反覆的練習，所以對感覺變化特別敏銳，落花一片就能描寫情意無限，這絕不是他意識之上的故意，而是下意識的推動。

借用鄭華娟老師寫給優客李林的一句歌詞：「莫笑我生來就是一個多情種。」君切莫笑，我引用經典合理化我的多情，如果你願意相信，很多時候我也不想就這樣跌進愛情世界的風浪中，只因為輪迴中無知地種下的因種，令人不知所措。

　　要在優客李林發行的專輯中選一張相對特別的作品，那麼《捍衛愛情》將很自然地脫穎而出，這張專輯雖然同樣收錄十首創作歌曲，竟同時主打其中三首：《多情種》、《不知所措》和《輸了你贏了世界又如何》。其中我創作的《不知所措》，則是《捍衛愛情》專輯發行前半年左右才完成的作品。

《不知所措》

怎麼會從你的雙眸中決定了我的難過
這次只有我們知道在彼此之間交換的承諾
我沒有說出感受只有不經意的沉默
卻不能肯定你真的會懂

你身旁的他該是告訴我不能再說
在我再想從你的眼中找到悸動
也許我從門口離去不能代表些什麼
我以為你會留住我

只有自己愛上你的夜裡我不知所措
讓你輕易地把我的心帶走

若要論斷我寫的歌，那麼在《多情種》的前提下，及《輸了你贏了世界又如何》的結果下就顯得恰到好處。不管再熱鬧的環境，只要有情緒觸動了我的多情神經迴路，我就會出現身心的退行，成為情感弱智，任情緒張牙舞爪地擺佈，而不能自已。

我還蠻慶幸自己能活到這個歲數，能在一次次感情的磨難中挺住，還能好手好腳奮力成就更圓滿的自我。我還要感恩的是自己具備寫作的能力，當暗戀冷不防地襲來，總是向著力比多的原心越走越深，只有通過寫字讓我找回和現世的連結，讓自己不至於萬劫不復。

與其說我是個創作人，更該說我是精神病患者和心理諮商師的合體，用文字投射，為自己的墮落尋求解脫，否則我將無法面對，恣意地開展單戀，卻總是以徹底輸掉自己收場。

成為藝人，首先要和現實交易的就是自由，不能隨意地出現在非指定的時空，更不能到處宣說自己的情感。普通人的姓名是自己的代稱，藝人的姓名則是交易的品牌，由不得我們隨意，所以調劑身心的社交也開始被管制。更多時候，娛樂活動只限與同門師兄姐和同事進行，這樣能在最大程度上避免不必要的困擾。

就算如此，多情的種子依然在我心裡伺機尋求萌發的機會，於是，就在短短的一次同事餐敘及隨後的K歌娛樂後，發生了故事並寫成《不知所措》這首歌。

臺灣點將唱片在優客李林簽約的那五年，銷售奇跡般的長

紅，只要發行專輯就必然成為票房保證，因此那一陣子，我最常參加的就是唱片公司邀約的慶功會，隔三差五就換新地點舉辦一次。

同事們很能接受類似的活動，除了可以大吃一頓，還能領到老闆或歌手的獎勵紅包，而藝人也樂於參加，慶功宴意味著自己的作品受到市場的青睞，是名利雙收的佐證。於是，唱著不同的歌、做著同樣的夢、穿梭在各個慶功宴中，所有人都樂此不疲。

我知道自己不算是個玩咖，應該不樂意摻和在吃喝鬧場之中，但是那幾年卻參加不少這類應酬，一方面當然是環境使然，一方面卻也是逃避和舊愛不知所云的相處，便拿公務當作藉口。到底已經認錯三年了，同樣的故事反覆地演說，傷口非但沒有癒合，反而因為一再被揭而惡化。維持承諾上的相守、執行實際上的疏離，是我能想到的最好的治癒方法，所以對於同事們的邀約我總是積極回應。

那天收工，志炫繼續趕往照顧家庭的行程，我和同事們則轉往娛樂場所。晚餐結束，同事建議到歌房 K 歌，我表面上欣然同意，心裡卻質疑這些本身就在製造音樂的年輕人，為什麼能把工作當成娛樂，這麼做似乎存在人格分裂的嫌疑。直到轉戰卡拉 OK，才明白此處就是夢境，年輕人卯足全力，證明自己不僅是唱片公司的合格員工，同時也具備發行專輯的潛力，選擇流行音樂做事業經營的人，果然內心都存著一個明星夢。

　　這個造夢場，正在進行一輪歌唱比賽海選，我是怎麼都得面臨被淘汰的結果，不單是嗓子不行，就連點歌都搶不過其他人，只能以聽眾的身份參與到這場集體無意識的夢境中。不知道什麼時候，原本擔任麥霸的電視宣傳員放下了話筒，拎起手機、走出包廂，似乎在確認什麼事情。沒過一會兒，她走進包廂向大家宣布：

　　「某電視節目製作人在隔壁包廂慶生，我們過去敬個酒！」

　　在那個全臺只有三家電視公司的年代，綜藝節目的製作人是所有唱片公司全力巴結的對象。歌手若能上綜藝節目曝光，或者接受訪問，甚至錄個單歌，都對唱片銷量有絕對正面的幫助。能有機會和製作人搭上關係，是所有宣傳夢寐以求的事，知道製作人蒞臨，宣傳者當然不會錯過，拉著歌手就往隔壁包廂衝。

　　而甘願配合的我則是另有盤算，因為這位製作人是位年輕女性，號稱全臺灣最美的製作人，平日相見都在工作場合，相識僅是行禮如儀，今天榮幸一親芳澤，多情如我是絕不會放棄的。於是跟在宣傳員的身後，我走進了恰好在隔壁的包廂。

　　包廂布置相似，更換的就是坐在沙發裡的人和桌上的菜色。宣傳員帶著不知道什麼時候準備好的蛋糕，唱著生日快樂歌走進了慶生場，從製作人臉上的表情你能看得出驚喜。我們被迎請坐在製作人的身邊，從大家熱情的程度可以感覺出慶生會已然酒過三巡，該有的拘謹早就蕩然無存，原本高高在上的製作人也還原

成嬌柔的女性，滿臉嫣紅地招呼剛加入祝福隊伍的我們。

讓藝人和壽星合唱的主意很快被提出並取得附議，宣傳員點了同公司師姐的主打歌《出嫁》：昨天的瀟灑少年郎，今天要變成大人樣，掩不住嘴角的輕笑全都是期待和幻想……

若非當年手機不夠智能，否則這個場景就只差一張自拍；該我的部分當然是原版原聲，自唱也算留下了一些私藏的畫面。兩人深情對唱本就是媒體必點節目，我卻在和她對望時被一次強烈的悸動偷襲，一顆多情的種子又開始蠢蠢欲動。其他人持續送上歡呼和掌聲，她也一一回應，只有還握著話筒的我傻傻坐在旁邊盯著她看。一首歌，五分鐘，MV 的男女主角都下戲了，我還望著落幕的舞臺不能回神。

美女應該很習慣接受注視，身邊也有不少護花使者，她沒有回避我發愣地看她，倒是另一側，她公司的男同事開始坐得更靠近她一些。最後，她選擇喚醒這場夢，用一杯瑪格麗特敲醒朦朧的眼睛，離開這個造夢場。

這些元素看似湊不出半首情歌，對我而言卻很容易達成。在單戀這件事情上，捕風捉影是我的本事。當晚，我回家關上房門，拿起紙筆，很快地完成《不知所措》的詞曲，畢竟這樣形式的填詞，我反覆練習了很多年。

最早的一次在小學，因為換座位而有機會坐在隔壁班女同學的鄰座，我竟然抄下她的芳名，當晚回家關上房門，拿起紙筆，

膽寫了一百遍她的姓名,純粹心頭的滿足。再一次是在初中,戀上長相端莊的英文任課老師,把期中考試的卷子、有老師親手刻鋼版油印的字跡帶回家,關上房門拿起筆,一筆一畫地臨摹她的筆跡。

早期的單戀停留在練習階段,雖有情緒反應,卻沒有能力替自己留下什麼,直到後來情書寫多了,文筆練靈活了,才有機會用文字表達感受。出唱片之前的那兩年,我密集地將故事轉化成歌詞,除了那些經年累月的長篇愛情之外,也偶有祕而不宣的短篇暗戀,《說不的心情》算是其中一首。

最後一次參加歌唱比賽,我們做了各種可能的嘗試,比如邀約表現出色的參賽者加入我們的組合,或是發掘有潛力的藝人一起參賽,所以我們連著幾天到海選現場,不只為熟悉環境,也在搜索可能的合作對象。和詹兆源的合作就是這麼開始的,只是那一次加入我們團隊的,還有另一位女性歌手。

緣分總是用偶然當敲門磚,大部分參賽選手的演唱程度,都停留在業餘的初級階段,在台下堅持聽完三、五十人的演唱,需要很大的定力,所以絕大部分的時間,我們三人都旁若無人地在台下嬉鬧,直到一個不同的女聲從舞臺傳來。

流行音樂一向獎勵清亮的高音,這就是為什麼每次小夥伴約練歌,多半以聲嘶力竭告終,因為大部分流行歌的音調都是超常的高。歌唱比賽也是一樣,選手多半選唱難度係數較高的歌曲,

希望博得評審的青睞，但多半因臨場表現失常（或是表現得太正常）而砸鍋，懂得選擇適合自己音色和中音域歌曲的選手在大面積的破鑼聲中反而討好，讓聽了太多撕裂高音的評審和聽眾的耳朵得到撫慰。

臺上這個女聲雖然沒有很好的演唱技巧，但很有特色，也夠聰明，很快抓住我們的目光。在她結束演唱、下臺之後，我們便趨前搭訕，意外的是她竟然聽過我們的歌，原來她和志炫一樣住在基隆，經常造訪我們打工的那家民歌餐廳。以音樂為名，雙方惺惺相惜，當天就天南地北地描繪願景，我和志炫決定從複賽開始為她擔任伴奏及和音。

給人彈吉他是我一輩子的事，讓志炫給人唱合音可是絕無僅有，可見這位姑娘在比賽的那段時間有多幸福！

四個人、三種組合，全部進了十二強的準決賽，對於我們來說稀鬆平常，但對於這位姑娘而言就是喜出望外了，這是她曾經的夢想，卻沒料到真的實現了，而且還同時得到兩位才子的相助。主辦單位很快注意到這件事，擔心整場決賽變成我們的演唱會，於是頒發禁令：不允許參賽選手為他組選手助唱，這下合音得缺席了，只剩下伴奏還能陪她登上決賽的舞臺。

只有兩週的時間，她得換掉複賽練得熟稔的歌，再練兩首獨唱，她的手足無措，在我看來成了天賜良緣！雖然共處一室也只有練唱，但是小小地戰勝對手的感覺還是很良好的，有些時候男

人之間的競爭，只是為了微不足道的面子問題。

很快，我幫她選好了決賽的曲目：辛曉琪的《在你背影守候》以及 Bonnie Raitt 的《Nobody's Girl》，接著就是各自在家練習、再湊時間彩排。

自以為是的曖昧排練後，有幾件事我是確定的：我以為的擁有在轉瞬間消失了蹤影、給人彈吉他真是我一輩子的事、決賽席次再多也可能一個名次也拿不到。又一次從溫柔眼神開始的曖昧草草結束了。

《說不的心情》

當我轉身要逃離你將投向我款款深情的剎那
你知道我還是忘記帶走我已經放在你心中的過去
雖然我還是轉身就瀟灑地離你而去
卻是我最苦的選擇

就為了逃避那些衛道人士的假善面具
為了自私地保護自己不能再受到創擊的寂寞心靈
我把雙眼帶到看不到你的孤獨區域
卻把深情留給你

不要再讓我聽見你在哭

你知道我怎能承受再次的打擊

不要再讓我聽見你在哭泣

我的生命已交給了你

　　後來她們的故事都怎麼了？真不知道，我有一個一生遵循的
鐵律：有些女人不能碰。所以，在我的故事腳本中，歌寫完，她
們就都隨風而逝了，只有殘存的影像，在我重新哼唱這些歌曲的
時候閃回。

十分之一

幾年的相處在心裡也有分量，只是我們之間的溫柔早就用光

　　我遇到最誇張的一次提問，是在臺北街頭被搭訕。一個陌生人用一副推銷員的姿態直接挑戰了我的情商：

　　「先生您好，您在這附近工作吧？」這位年輕人趁我走在趕回公司的路上，直接開口喊住我。

　　「我應該稱呼您李先生吧？您看起來超像一位歌手的……」年輕人滿臉笑意，似乎真的認出我。因做過藝人，我的反應直接而迅速，原本嚴肅的表情立刻和藹可親了起來，畢竟來者可能買過我的專輯，算得上是咱的衣食父母……

　　「我現在已經不當藝人了，在文教基金會服務，您是？」我十分客氣地回問，擔心我的老花讓我沒能認出這位年輕人。

　　「太好了！我果然沒有認錯！優客李林！對吧！當年我就是聽你們的歌長大的！」

　　我真不樂意聽到這句話，但也不能否認這是客觀事實，1991年的《認錯》專輯發行至今已有二十六年了，二十六年足夠讓原本處在青春期的孩子成長為社會中堅力量。所以我沒必要因為這句話就跟對方較真，我繼續維持著客套的笑容，點頭讚許這位年輕人優良的記憶能力。

　　現在我已經明白這位年輕人多半是位銷售，只是還沒表明希望我買些什麼，我希望他能快點切入主題，好讓我溫柔地拒絕。然而，他很快就犯下不可饒恕的錯誤，為了滿足他的好奇心，他企圖揭露我的隱私。

　　「李大哥，不知道這樣問適不適當……」聽到這樣的開頭，我知道，接下來大概就是我最恨的那個提問了。自己曾擔任過心理諮商師，明白這句話的原意是：「我就是要知道，你不可以不回答！」這說明提問的人明知道問題不恰當，卻還是壓抑不住好奇，就拿一把看似恭敬的刀架在被問人的脖子上。

　　「覺得不恰當可以不要問呀！」這句話是內心戲，我沒說出來。年輕人沒等我表態，跟著就丟出了那個大逆不道的問題：

　　「當年你怎麼就不唱歌了？」可能覺得這個問題真的很Low，年輕人趕緊補上一句，「我覺得你唱得很好呀，優客李林組合我更喜歡你唱的……」

　　放屁吧！每個見到我，想問這個問題的人都這麼說，如果不是鬼話，為何志炫上了春晚而我卻是過氣歌手？聽到這兒，我氣

真不打一處來,決定給這位年輕人一點兒顏色:

「你新來的呀?」我不確定說這句話的口氣衝不衝,反正那個年輕人嚇了一跳。

「什……什麼?」

畢竟幾年的學習還是有些修養,沒有當場上演罵街的戲碼,我接著問這位年輕人:「你是社會新鮮人嗎?這是你第一份工作嗎?」

「噢,不!不是,我換過工作的……」雖然聽明白了,但是這位年輕人依然一臉狐疑,原來是他問我問題,現在怎麼換成我問他了?

「哦,那就對了,許你做疲了跳槽,就不許歌手換跑道?你當時為什麼換工作呀?被老闆開除了?」只見這位年輕人張開嘴,直愣愣地看著我,當然我也沒想聽他回話,揮揮手就走了。

現在回頭想想,如果把談戀愛也當成一種工作,那麼我每一次創作的動機都是轉換跑道,每一首歌都是離職報告,我不許別人問,自己卻急著唱給人聽。或許並不是這些事見不得人,而是我不習慣用我沒準備好的方式讓人知道,就像歌詞是用精挑細選的文辭堆砌,聽起來盡善盡美的,別人或許就不會留意我靈魂上留下的疤痕。說到底,我還是愛美的。

我談戀愛維繫的時間和年齡成反比:年輕時的戀情每一次都以為將天長地久,然而誰能一輩子都遇上經年累月的戀情?我發

表過的創作不超半百，大多一首歌描寫一場戀愛和一個物件，唯有在剛開始創作的頭幾年，包括《認錯》等幾首歌都是寫給同一個人的，因為那時的我認為我們的愛會天長地久，只是這個美麗的迷思終止在《十分之一》。

和她初相遇時，我年方十七，剛開始意氣風發，只因為我比別人早一些學會彈吉他。

那年冬天，和志炫在臺灣大學對面新改建的懷恩堂獻唱，台下是不特定的往來路人，而她就坐在觀眾席。在臺上的我完全沒有意識到一次生命路徑的轉變即將開始，只知道演出結束之後，有些新朋友上前詢問關於我們組合的事，接著，其中一位，開始每週固定出現在我參加的教會團契。

我知道，向別人表示很多時候我是新戀情中被倒追的那位，都會被譏為臭美，但這段感情我的確是被追求者。陌生的臉孔重複幾個月後，終於成為熟悉的朋友，我們逐漸成為大家眼中郎才女貌的一對，唯一不認可的只有我。

因為當時民歌在臺灣蔚為風氣，能彈吉他、唱歌就能受人關注，所以當時團契中很多女孩子都暗戀我，就算再多幾個也不令我意外。直到某一天，她單獨約我在教堂大門口見面。

「你知道我為什麼會來這裡？」她直截了當地問我。

我搖搖頭，說實話，我真不知道。她站在教堂大門的樓梯下，我站在門口，就像站在舞臺上。路上人車來來往往，她有些

費勁地大聲說：

「半年前，就像這樣，你們站在臺上，我在台下看到你們彈著吉他、唱著歌，我決定要認識那個彈吉他的男孩子，因為那天我才剛從電影院出來，你長得就像電影《魔鬼終結者》裡的男主角……」

這部阿諾主演的穿越片，第一集的男主角並不是阿諾，而是Michael Connell Biehn，我是在一段時間之後，在她的陪伴下才看了這部大片。當時是否看過這部影片、知不知道誰才是正牌的男主角並不重要，重要的是——有人因為暗戀我，花這麼長的時間想方設法靠近我……

「我家不住在這附近，每次來這兒還得過一座橋，如果不是因為你，我是不會來這兒的……」她費勁地和車輛的轟鳴聲爭奪我的注意力，然後索性大聲喊了起來：「……所以，我們的相遇不是巧合，我是專程來找你的，不要把我推走……」

然後？當然我們就在一起了。

從十七歲開始這段戀情，我真心以為這是生命中唯一的一次，倒不是我不曾喜歡其他女孩，只是只有她，我一直是以終身伴侶的心態來對待的，而她也是，甚至我們曾經考慮，在二十歲的時候就結婚，這樣在四十歲的時候我們就能當上爺爺奶奶了。

當時天真、浪漫的想法最終沒有實現，成為社會新鮮人之後，原本二十歲成家的理想，在社會五彩繽紛的吸引下灰飛煙

滅，我們繼續擔任彼此的男女朋友，但是漸漸找不到學生時期的感覺，我的世界除了她之外，還多了很多東西，其中工作逐漸成為我們生活的重心。

從讀書到工作是個階段性的轉變，至少對我來說是這樣的：學生時代的學習成績，似乎更多是為了滿足父母和老師的期望，而投身工作之後，收入、成就完全是自我價值的呈現，所以相對於學習，我絕對是個工作狂，不記得什麼時候是準時下班的，倒是經常加班到深夜，騎著摩托車穿梭在寂靜的臺北街頭，數著街燈回家。

這段時間她也不一樣了，見面的機會看似比學生時期更多，但談話的內容卻比年少時期更少，多半是公司的業務和未來的規劃，想念彼此的心思也越來越少。我們繼續擔任對方的唯一，只是這時候更像是維繫承諾，做好表象上的忠誠，實際上誰也管不住被外界誘惑的蠢蠢欲動的心。

移情已經不令人意外，尤其移情的對象是比女友更密切的同事。我認為自己不能做一個腳踏兩條船的劈腿者，就在覺察自己移情別戀的隔天，我和她提出了分手……

寫到這裡，我還是很心驚膽顫的，我希望表達的是對自己生命的重溫和審視，然而故事總是夾帶著真實的情緒及演繹的他者，我擔心她們是否願意讓塵封的往事被再次述說，尤其是站在我個人的角度來回憶。我先在這懇求饒恕，若有任何一絲的不恭

敬，都不是我的本意，我只是明白，最好的釋懷往往是最真的面對。

我曾經選擇逃避，而現在，我選擇面對。傷疤的底下是新生的血肉，祈望我們都能得到重生的救贖。

或許閱讀至此的你也意識到，原來《認錯》和《十分之一》是描述同一段戀情的兩首不同的歌曲，然而八年裡不止有兩首歌，《等待是一生中最初蒼老》也是同一時期的一個小作品，只是起因有些可笑：退伍之後我忙於工作，每每無法準時赴約，總是讓對方等待。這一天，等煩了的她看到姍姍來遲的我，很不高興地說了一句特別有哲理的話：

「你又遲到了！你難道不知道女人就是因為總在等待，所以才變老的嗎？」

她很少跟我說道理，所以這句話直接從我耳朵聽進了心底，當天夜裡就把詞曲寫好，隔天讓志炫錄了試聽帶。

《等待是一生中最初蒼老》

你說等待是一生中最初的蒼老

在每個想念的分秒

刻劃你輕輕的眉梢

而憂鬱的你就願意

願意如此蒼老

讓每個想念的分秒

留駐你淡淡的眼角

從年少的輕笑到世故的祈禱

而沉默的我卻不明瞭

這樣的苦怎能叫它過去就好

因為今天想念的分秒

到明天破曉

會刻劃在心頭最疼的一角

　　就像歌詞寫的，今天的想念最終成為明天的撕裂，短短一個月的分手，我用一首《認錯》看似彌合了傷口，但誰也不敢真的面對彼此的心悄悄地越走越遠，我們只是恢復戀人表象，繼續欺騙別人和自己。

　　《認錯》代表我的創作生涯的高峰，這浪潮來得太早太急。對一個二十五歲的年輕人來說，還沒有思考太多人生的意義，就

被推上財富名聲堆砌的舞臺，無疑是戕害了他對生命價值獨立思考的能力。

一切的轉變發生在一個月之內，我們從默默無名的唱片新人，成為家喻戶曉的知名藝人，之後我開始迷失自我。如果生命存在自我意義的追求，那麼優客的這五年，所有意義都被壓縮在《認錯》這張專輯大賣的短暫時空，剩下的是無力思考的真空。

從天文物理可以解釋這樣的狀況，短時間極大品質的碰撞，會扭曲時空並產生重力波，所以四分之一個世紀之後，我和你還被這些過去的事影響，不是事件還在，而是扭曲時空的殘留引力，繼續在我們的時空中餘波盪漾。

接下來的五年，我什麼都能得到，卻一無所有；什麼都能去做，卻原地踏步，就連曾經失去又再度挽回的感情都沒能留住，因為自以為是的我，再也不在乎身邊的舊愛，我已經證明自己人見人愛了。會這麼想也不是沒有原因，當年在唱片公司等通告的機會很多，偶爾會幫同事接電話，有一通電話讓我終身難忘：

「點將唱片，您好！」我模仿唱片公司工作人員的語氣，接起已經響了七八聲的電話。電話那頭傳來興奮的聲音，一聽就知道是一位年輕姑娘。

「喂……唱片公司嗎？我要找優客李林！」急促的聲音幾乎來不及換氣，對方著急地說明企圖，一點沒發現和她通話的就是要找的人。

「要找藝人呀……請問您哪裡？有什麼事嗎？」我屏住笑意，假裝認真地詢問她來電的原因，接下來對方的回答，把整個辦公室都點亮了：

「我……我是優客李林的歌迷……我……我要和他們結婚！」

這通電話，這二十幾年我從來沒有忘記過，只是來電的那位歌迷，估計掛上這通電話之後就把這事忘得一乾二淨了，因為兩年之後，她來參加我們舉辦的一次歌友會，主辦歌友會的媒體安排她上臺獻花，最後還送我們上車離開會場。我一直期待她再度提出結婚的請求，在心裡反覆練習婉拒她的臺詞，沒想到，她完全當沒發生過這件事，親切而客氣地獻花、領路，被送上車的我一臉詫異。

從靦腆木訥到變成萬人迷，使我無法從對方的角度考慮感情的經營。隨著五年唱片合同的結束，我和女友的感情也步入終點，沒有理由，沒有原因，莫名的分手，用這首歌譜下句點：

《十分之一》

真的這幾天我都在想

為什麼這次分手和以前不一樣

好像誰都沒有驚慌

電話掛得如此順理成章

我猜你現在一定讓自己很忙

這樣或許可以把以前的我忘光

大概你會怪我脾氣倔強

不承認曾經說過要一輩子守在你身旁

可是我也有話要對自己講

誰說我能做到從此不再沮喪

日子過得雜亂無章

常常想獨自一人去流浪

幾年的相處在心裡也有分量

只是我們之間的溫柔早就用光

誰都不讓只叫咱們不停受傷

而我還得偽裝好像我總是那麼堅強

告別你其實等於告別自己十分之一生的理想

又要沉浮在愛情世界裡的大風大浪

所以請你不要真的忘記我的模樣
畢竟曾經把最好的留給對方

　　這應該是我自認為寫得最好的歌詞，好像我一直如十七歲時一樣的深情，只是每每回頭望去，才發現詞句中充斥著大量的自私。

　　經精確的計算，我們相識前後十三年，遠超過生命全長的十分之一，當然我是為了歌詞能入曲，寫下更短暫的十分之一，卻不能否認潛意識的影響，《認錯》只是為了證明，我有能力挽回一段錯失的感情，只為了維持自己人見人愛的形象，一點都沒考慮如何維持，最後的五年只有我的自以為是，把這段感情壓縮在前八年。分手之後雙方的生命都在沉浮，我還自私地要求對方不要忘記我的模樣，難道留下的，真的是美麗的回憶？

　　十年後，在我短暫服務於臺北市政府的半年之間，我接到一通電話。一般市民很容易通過撥打總機，找到在市政府服務的公務人員，而在愛情和事業的大風大浪中短暫逃離，尋求喘息的我，在自以為沒有人發現的角落，接到了這通電話：

　　「研考會您好，我是企劃師李驥……」程式化的客套，不帶感情的語調，我並不知道接下來的聲音將擊穿我的防衛：

　　「你知道這十年我是怎麼過的嗎？當你意氣風發地在電視、電臺、報紙等媒體接受訪問，談論《認錯》故事的時候，我試著

關掉電視、轉開電臺、闔上報紙，卻還是躲不開那些討論我們的聲音。聽過歌曲、聽到故事的人，都如你所願地相信你是個既有才又多情的男人，卻沒有人想過每一次聽到這些旋律，我都得一次又一次地撕裂再癒合。身邊知道我們過去的人反覆地問我為什麼要分手，我也越來越不確定當時做的決定是讓自己通向天堂，還是跌落地獄。雖然現在我也有自己的家庭、自己的子女，但是午夜夢迴的時候，我還是無法忘記我們的過去，我們為什麼會認識、為什麼要在一起，又為什麼會分手，這一切究竟是為什麼……？」

我一句話也沒有回，只是默默地聽著，再默默地掛上電話。她的這通電話更像是從我心底打來的，也都是我反覆在問自己的，而我以為，這些都是隱私、不願面對的。

十分之一生的感情，拿十分之一生毀壞、再用十分之一生逃避，最終還得用幾個十分之一生來懺悔修行，現在的我開始明白這一切都是緣起，本來愛情來來走走、朋友去去留留是自然的事，唯有執著令人痛苦。

後悔

終於知道在你難過的時候等不到我所以才離開我

寫這本書的時候，我就想著自己要重唱幾首歌，當年似乎考慮太多的商業，而流失了一些原創的真實。一開始完全只是暢想，隨著文字逐漸積累，這樣的心越發強烈，如果不是因為唱片的包裝，這些歌應該試著用最原始的吶喊來表現創作者的心聲。

不怪誰，畢竟唱片製作發行的時間短暫而有限，如果不能很快地找到暢銷的元素，那麼一切的努力都將成為徒然。這個過程挺像追求異性，短暫的激情往往能迸發絢爛的火花，直到日子漸長，那些礙眼的不適應才逐漸被發現。

過去的成就成為現在高度的奠基，或是覺知自我的包袱還未可知，能確定的只有自己曾經的改變，不論是自我的意願還是外界的壓力，我們都很難說明是否還是原來的自己。

優客李林發表第一張專輯時，兩位成員已經二十五歲，人格

發展相對成熟，然而我們仍然無力適應投身演藝事業的身心變化，包括工作節奏、生活作息和價值認同等，一切都與以往朝九晚五的月薪生活有不小的落差，至少得適應走在街上他人的指指點點。適應的過程也是一種迷失的過程，常聽見自己說出這一句話：

「你知道我是誰嗎？」

剛出唱片不到半年，某一次到餐廳訂位，我情急之下竟然對著服務人員脫口而出：「你知道我是誰嗎？」這種傲慢隨後被刊登在八卦雜誌的內頁。所幸當年網路媒體尚不盛行，主流媒體又都和唱片公司往來密切，最終這場風波得以平息。然而這也說明舞臺的聚光燈和掌聲的確容易令人目眩神迷進而自傲自大。

因此，不是我故步自封，而是擔心不經意的行為成為隔日大眾八卦的話題，所以我的社交圈多以同行為限，而且晚出早歸，避開行跡曝光。

那個時候流行音樂產業的宣傳同行之間，自創了一套形容詞作為藝人的新解：比如有氣質，說明藝人的孩子氣和神經質；三點不露，表示藝人因為早上爬不起床，所以不接下午三點以前的通告等，藉由揶揄藝人來緩解做褓姆工作的辛苦。

優客算得上是流行音樂中的公務員，樂意早出晚歸、配合公司的宣傳任務，只是出唱片之後社交的對象及範圍開始受限。由於音樂本來就是我的夢想，所以各種時空的限制都不是問題，最

大的困擾主要來自感情生活，因為出唱片之後壓縮了和女朋友約會的時間，對方的抱怨直接影響工作的情緒。我還算是好的，因為這個階段表面上還是和戀人在一起。

志炫的狀況則大不相同。那一天我記得很清楚，難得志炫的時間允許，公司接了一個早上十點的電視通告，錄影地點在北投，同城的我自然早早抵達，並且預期搭檔會習以為常的遲到。令人意外的是志炫竟然準時在後臺現身，這麼異常的行徑肯定意味著什麼事的發生。這男人看起來十分憔悴，像熬了一宿沒闔眼，這當然不是這位乖寶寶的生活品味，他的作息一向正常，否則上午印刷廠的活，早該開天窗了。

我湊近他才聽說他今天早上吃了閉門羹，原本好意提前出門、親自送早餐到女友公司樓下，卻被冷眼相待，恐怕是志炫的工作太忙碌，冷落了需要關懷的愛人。就這麼短短的十分鐘，一部電影栩栩如生地在我的腦海上映──

很長一段時間都很忙碌的志炫，終於勻出了開工前的時間，駕車出城，打算見一見久未謀面的她。這一天他特別帶上了她最鍾愛的早餐，趕在九點上班前，要給她一個驚喜。車剛停在她辦公樓大門前，他就撥通電話、充滿神祕地請她到樓下一趟。

從辦公樓出來，她臉上沒有露出他所期待的驚喜。她走到車邊，他搖下車窗、拎出早餐，以為她會露出笑顏。她連正眼都沒看他，拿過早餐、轉頭就走回辦公大樓，這讓他慌了，趕緊問：

「你怎麼了？見到我⋯⋯不開心嗎？」

「既然你忙到沒有時間陪我，又何必見面？」

這是她轉頭消失在灰色水泥叢林前丟下的一句話，一直反覆縈繞在他的耳畔。

原本以為這是個驚喜的清晨，卻弄巧成拙成為一首歌的創作靈感。

《黃絲帶》

站在面無表情灰色叢林中

面對冷漠的你

也許現在的我不能再讓你感動

將離開的你叫我不知該怎麼做

好久以前這樣的心情也曾有過

年少的輕狂讓你走出我心中

現在你已將一切帶走

我想這一次我也失去所有

等待你的我的心還在守候

守候對我冷漠的你的眼會回頭看我

離開我的你的背影是否聽見我

我的愛你的心在門口守候

　　不到半個鐘頭，優客李林第二張專輯的主打歌詞、曲一氣呵成，這是少數我能為別人寫的歌，送給眼前這個心力交瘁的男人。

　　雖然是因為別人的故事動的筆，卻能如此輕易地讓我共鳴，恐怕也是由於對自己戀情的擔心。總是用自以為好的方式去得罪對方，最後讓自己後悔懊惱。雖然導火線是他們的齟齬，卻更多地反應我們的改變，越來越無力關心身邊重要的人。

　　發片之後，自我越來越膨脹、自由卻越來越匱乏，我們因為追求更多的成就，卻賠上大把大把的時間，最終都失去了戀愛長跑的能力。每段感情來得快而短暫，每次都令人窒息卻少了長久。我以為在處理感情上表現得比志炫好得多，其實只是同病相憐，最終我們都在愛情的風浪中沉浮。

　　我為優客李林最後一張中文專輯寫歌時，已經很難再有經年累月醞釀的思緒，只剩下氣短的自我辯駁。

《後悔》

終於知道在你難過的時候等不到我所以才離開我
你卻不知道我已安排了所有的未來守候你
我也知道我們之間的距離沒有因為愛情而消逝無蹤
卻依然在這條鴻溝中揮淚撫平想你的傷口

你不知道我將用一萬種愛你的方式來忘記我們的錯
用我能想像的世界來建築一座你要的城堡
如果能用一輩子換你停留在我視線中
我一定毫不保留

我有一千個理由不讓你走
卻不知道你會不會接受
我只要再一次能牽你的手
用一生證明承諾

當時我以為這是全新的創作，直到將《後悔》和《黃絲帶》
並陳，才發現它們完全是相同的脈絡：這一方明明無所用心，卻

試圖通過辯駁讓世人相信自己的深情，而另一方早就看穿謊言，用離開來告誡謊言只能蒙蔽愚昧的自我。世界上沒有不能安排的時間、沒有不能跨越的鴻溝、沒有不能抹去的淚水，也不需要不能兌現的承諾，而這些顛倒夢想都被寫在歌詞中，是因為我們都著急地想把愛人盡可能留在身邊，一旦真的別離，還想用後悔來改變過去。所以，《黃絲帶》未必是為了志炫而譜寫，而《後悔》也不一定是寫給自己的歌。

能如我所願地將這些歌，用不同的自己重新演繹嗎？這樣我便有機會不後悔嗎？我相信。

現在不想見你

我想我們並非緣盡，而是再也找不到彼此間的話題

　　從雙人組合到單飛，我從事演藝相關的工作前前後後也將近十年，然而真正結交的藝人朋友卻寥寥可數，這樣的結果一定不是因為別人，多半是我沒能掌握和人溝通的技巧，所以看不見聚光燈下閃閃發亮的明星，也可能會有的赤子真心。當然每個人都不同，有些藝人和我一樣自命不凡，但有些則根本不太像藝人，蔡琴就是被我歸類為這一類。很榮幸，我認識她。

　　在點將唱片意氣風發的年代，有許多知名藝人選擇投奔簽約，像童安格、伍思凱等，蔡琴姐也是其中一位。唱片公司和學校一樣有著先來後到的排序，當年優客李林專輯成功地帶動了點將唱片的氣勢，隨後簽約的藝人，都該算是我們的師弟妹，這麼說來蔡琴姐當然也是我們的師妹了。似乎除了戲言，我從來沒有用「師妹」來稱呼過她。面對一位你從小聽她的歌長大的偶像，

尊稱她「姐」是很自然的，當然也是比較適合的。

在唱片公司頭一次遇見蔡琴姐，感覺十分特別。臺灣民歌時期響噹噹的歌手，有著性感渾厚嗓音的主唱就這樣出現在我面前，真讓人驚訝到不知所措。

我應該是問了很傻的問題：「您現在不唱老歌，開始做新專輯了？」

當臺灣的民歌風潮褪去，多數民歌手轉換身份從事其他事業，蔡琴姐是少數選擇繼續唱歌的藝人，有一段時間，出版的專輯都是翻唱歌曲，讓人有一種蔡琴唱老歌的印象。不過蔡琴姐不這樣想，個性直爽的她立刻用犀利的言辭點明了我的愚蠢：

「我不唱老歌，那些是經典，我也是，一直堅持做自己。」

一點沒錯！聚光燈和掌聲是強力的迷幻藥，服用過度的人會產生世界圍著他轉的幻覺，往往忘記身邊的朋友和前行的夢想。一樣經歷過名利的誘惑，蔡琴姐的確一路堅持自己的風格，一直自在地做自己，也讓自己的歌成為經典，這一切都讓我佩服。

起初我還擔心蔡琴姐會不會難以相處，真走近了才明白，她只是直接地表達感受，不在乎自己被看透，所以最後留在她身邊的都是比較真實的人。

我很少邀請朋友到家裡，原因是很長一段時間我沒有一個可以稱為家的地方，而且我認為從邀請前的準備到散會後的收拾，做主人的反而最沒時間和朋友交流，這應該不是聚會的本意。正

因我這麼怕麻煩，當然也就儘量婉拒別人的邀請，生怕原本一片好意終成雙方的壓力。

　　但就算孤僻如我，蔡琴姐的家還是去過幾次，她住在臺北市區，通常我們會先在她家樓下的秀蘭小館聚餐暖胃，再到樓上她家喝茶暖心。當然，大部分的時間，我是蔡琴姐聊起她經歷的最佳聽眾。感覺上蔡琴姐對任何事情都有她的立場，是很有主見的人，我猜想這樣的人，應該能很穩健地處理所有事情，包括難解的情感問題。

　　蔡琴姐的感情生活眾所周知，她和導演楊德昌的婚姻看似幸福美滿，至少我從沒聽過蔡琴姐抱怨。我對楊導演的印象很淺，就算在蔡琴姐的客廳遇到，應該也只有照面點點頭，這我能理解，因為我也不知道，和不同背景的人除了禮貌問候之外還能多說些什麼？

　　最後一次來到蔡琴姐的家，碰上臺北突然降溫，衣著單薄的我直哆嗦，蔡琴姐發現，就回房間挑了一件黑色的高領套頭線衫讓我穿上。這給了我和楊導結緣的機會，也讓我看見蔡琴姐體貼的一面，只是她習慣說話很直接，什麼事都裝作不那麼在意的樣子。

　　後來我再也沒去過蔡琴姐的家，因為楊導選擇結束這個看似圓滿的婚姻，開始經營另一段情感，而原本在我眼裡獨立自主的蔡琴姐，突然變成哀怨的小女人，甚至沒有辦法和男人面對面說

話。唱片公司的女同事輪番前往安慰，我做不了什麼，唯有在蔡琴姐新專輯製作排進議程時，為她寫了一首歌：

《現在不想見你》

我現在不想見你
雖然你說只是為了還不習慣分離
其實我也知道你的
我也想就這樣孤獨地走去
可是我沒有堅固的心
怕見了你會讓自己又猶豫不定
所以我現在不想見你

我現在不想見你
早就說過相愛的人不一定能在一起
你卻依然任性
說我狠心把感情放得毫不在意
我想我們並非緣盡
而是再也找不到彼此間的話題

所以我現在不想見你

現在這樣的我見到你
一定會忘記才做好的決定
又在你的臂彎裡哭泣
可是我們的距離不是淚水或後悔可以拉近
所以我現在不想見你

　　我曾經聽蔡琴姐在分析他人的情變時說過，相愛的人不一定能在一起，只是當時並不明白她說的也是自己，或許她是在預言未來，就像那首她早期唱過的歌，心中的決定已經做了，卻不知道小雨能不能將對方打醒。

　　我想如果可能，蔡琴姐肯定希望親手將對方打醒，讓他看清這一顆最真實的女人心。

　　走過婚變的蔡琴姐專注經營自己的演唱事業，取得了優異的成績，走上了生命的另一個高峰。從外相上看，情感的斷捨離讓她更輕鬆自在做自己，只是不知道她內心真正的想法，我猜她或許會這麼說：

　　「你管我的男人的事幹嘛？你管你自己，當個好男人吧！」

　　我會的，我會做個好男人，把那件黑色高領線衫洗乾淨，然

後親手交還給蔡琴姐。

　　對這一位難得的同行知己，這一位看似堅強卻柔情似水的女性，我彷彿又多瞭解了些。我們慣用逞強的假面來應對令人不知所措的情感起伏，用「現在不想見你」來掩飾內心對愛的強烈渴望，這首看似是為蔡琴姐寫的歌，最先得到宣洩的反倒是自己的情緒。

　　那些專業的詞曲創作人，習慣將自己寫的情歌交給別人演繹，我則相反，不懂怎麼替人量身定做屬於他們的歌。這輩子沒有寫多少歌，除了在自己的唱片發表，剩下的就雪藏在記憶中，像《現在不想見你》這樣收錄在其他藝人專輯的歌曲少之又少，這點或許證明了，我缺乏為別人寫歌的能力。

　　如果曾有將我的創作超完美詮釋的人，一定是因為這位歌手很有實力，才能將曖昧不明的詞曲精確地透過歌聲傳情達意，蔡琴姐就是其中一位。沒有真的問過她如何評價這首歌，但我的歌肯定因為她的認同而得到救贖，這是我特別要向蔡琴姐表達感謝的。

　　而在為數不多寫給其他歌手的歌詞中，以演唱者角度述事的是寫給江蕙的《愛你的阮的心》。

《愛你的阮的心》

愛你的阮的心你敢會知

愛漂泊的你的人平安倒返來

披鏈手指啊阮攏無愛

只要你疼惜阮的愛

每屆送你行出門腳口

阮的心就不時塊等待

今暗敢會放阮孤一人

只有自己嘆無奈

女人的心你永遠未瞭解

阮只要你乎我愛

女人的心你猶原無瞭解

浪子何時唔……

　　和蔡琴姐一樣，江蕙也是優客李林在點將唱片的師妹，同時也是閩南語歌壇的天后。雖然生在寶島臺灣，但我沒有學好閩南

話，倒是因為常聽相聲，練了一口標準國語。親戚們多半是所謂的外省人，當然更不容易有機會練習閩南語，所以至今我還只能勉強講一些蹩腳的閩南語，肯定不道地。有這樣的背景，我竟然還能用有限的詞彙為閩南語歌后寫了一首歌，而且內容完全沒有重覆自己對感情的偏執，真是不可思議。

我年輕時期也聽過許多江蕙的歌，大部分集中在當兵的那兩年。對我而言，江蕙是遠在天邊的大明星，在公司都沒有太多同台演出的機會，更別說私底下的交流。

在比較通俗的閩南語歌曲中，女性的感情世界似乎只能任由男性擺佈，也甘心作一個為家庭奉獻的人。我猜想這樣的女性就算在行為上被禁錮，內心對情感的需求，也絕不能被壓抑到不復存在。估計維持傳統女性的矜持，讓江蕙委婉地唱出對愛的等待是說得過去的。

有了這個女性形象作為基礎，我想像著一個認命的女人，伴著愛不定心的男人，雖然嘴上不說，卻也無法逃避內心對陪伴的渴望，最後再把心裡的畫面寫成這首歌。

一般寫完歌，創作人得錄一個試唱帶給製作人，方便後續的編曲及歌手的配唱，本來這些事應該都是簡單的，但是光寫這首歌，就已經把我能用上的閩南語詞彙燒完了，還得用完全不熟的閩南語錄試唱帶，這簡直難死我了，愁到最後，連怎麼完成的都給嚇得忘記了。雖然最後還是交了差，但我真不確定有誰能聽得

懂。

　　然而就算拿到的是一個以蹩腳閩南語錄製的新歌試唱帶，天后畢竟是天后，依然能以豐富的演唱經驗及完美的音樂素養，順利地完成這首歌的配唱，如果不特別說明，不會有人在聽這張專輯時發現其中有個閩南語外行人寫了一首歌。

　　當然在寫歌的時候，我已經知道江蕙的演唱實力，卻直到聽見成品，才明白一位優秀的歌手，對作品的詮釋所能賦予作品的生命力是不可限量的。能在閩南語創作音樂中留下一首歌，一定不是我自己閩盪就能做到的，謝謝江蕙用深厚功力的潤飾，才完成這次原本以為不可能實現的任務。

　　不論是楊導的黑色高領線衫，還是為難自己的試唱帶；不論是用自己的情緒摻和，還是用理性的因果推論，最後我都送走了自己創作的情歌。這個結果我還是有些不甘心的，因為幾乎每一次寫歌都得讓自己處在一種撕心裂肺的狀態，即使就算這樣也還不一定能寫出像樣的句子，把好不容易寫出來的歌拿給別人，真像是送孩子給人領養，就怕別人無心養活。而且每首歌在寫的當下，多半已經存在傾訴的對象，自然期待能將情歌贈佳人。

　　除了被發表的那些情歌，其他都只能囤積在記憶之中。思念的依舊相隔兩地；錯誤的依然歉疚懊悔，美麗的誓言終究沒有讓她聽見。

　　請相信，我曾經為了那些沒有被聽見的歌抱屈，我以為每首

歌都該被聽見，就像每個故事都該有個幸福的結局。我懷揣著為
那些沉沒的情歌上訪的使命，黑夜白天持續追尋，只求一個重新
唱響的機會。

　　直到很遲的時候我才搞懂，機會從來都不缺，讓我一直尋尋
覓覓的原因，是因為我不明白：我需要尋找的不是歌曲的出路，
而是一個生命的目標。

　　如果寫好的歌只要給對的人唱、讓對的人聽就算圓滿，有這
麼多優秀的歌手演繹我的作品，我應該早就幸福美滿了，又怎還
會尋尋覓覓呢？恐怕是因為一直以來，我看到的都是我缺了什
麼、比人少了什麼、沒做好什麼？而忘了我擁有的可能比別人都
多。

　　或許總覺得不滿足是因為自己在家的排行，上有兩位姐姐，
下有一位小弟，排在中間的我很早就學會爭寵，總希望能獲得更
多關愛。也因為如此，求學階段學吉他、組樂團似乎也是順理成
章，從那一刻起我便一直站在聚光燈的焦點之下。

　　有緣能進入臺灣流行音樂界，最初是因為家庭環境的影響。
我們家算得上是演藝世家，我念初中的時候，姨丈就因為要追阿
姨，拿著一把吉他，在我們家客廳彈唱他寫給阿姨的定情歌曲
《子夜徘徊》，這位民歌手就是趙樹海。如果這個名字你沒聽
過，那麼咱家表弟你就應該不會陌生了，就是前幾年靠著主演
《痞子英雄》一夕成名、和名演員高圓圓結為夫妻的趙又廷。更

重要的是阿姨在大學念書時參加話劇社，曾經在話劇《楚漢風雲》擔任女主角虞姬，當時話劇泰斗金士傑演劉邦，扮演項羽的正是趙樹海。

如果不是家人的支持，以我這麼執著的個性，是怎麼樣都不可能走上舞臺、成就自己的夢想。

當然成為家喻戶曉的明星，不保證人生就一帆風順。優客李林第一張專輯大賣之後，接下來的銷售成績就逐步下滑。散夥後我出了張銷售成績淒慘無比的個人專輯《一個李驥》，終結了我的歌手身份。

之後每一次的轉換跑道，初心都是為了避免和自己過去的成就比較，擔心別人看不起我。然而從其他人的角度來看，我總能心想事成，做什麼行業都能有些成就，只是最後輕蔑的眼神未必來自他人，看不起自己的終究還是自己。

我的人生就是不斷地做——做錯、認錯、逃避、再做，不斷追索，期盼中的離苦得樂卻越來越遙遠。原來，自己擁有的遠比想像中多得多，只是因為習慣盯著自己還沒有的、著急和別人一較高低而忘記盤點屬於自己的幸福。

轉念這樣想的時候，我才發現：那些為別人寫的歌是最美好的，因為從一開始它的存在就是為了別人。讓一個完整的作品被更多人欣賞，這是一個美好的過程。抱著美好的初心開始音樂的夢想，一路結交了不少有相同夢想的朋友，這些都成為我一生幸

福的資產。

　　那些情歌到哪裡去了？每首歌、每個人、每件事仍好端端地在我心裡。曾經，我如此迫切地想把這些我以為的垃圾，清出我的記憶，到現在才發現，這一切的一切都是我的一部分，而且都是最善美的泉源，我感恩都來不及，怎麼還能否定呢？所以不只是情歌，只要是我擁有的，誰需要就給誰，那些屬於我的，從來不會離開，而且越佈施、越富足。

Part2

自在遊

A 獨行幽谷

沉默
一個人的樣子
Don't Cry My Baby
I Love You Forever More
我是誰

認錯 ｜ 醒覺

沉默

看你消失在街頭，而我一個人還在逗留

　　優客李林是兩個截然不同個性的人混搭組合。沉默，可以同時形容在不同時空的我們，而我相信你們也是如此，總會遇到無話可說的心境。任何一位曾經看過你演出的人，都可能在遇到你的時候熱情地向你招呼，用老友的身份寒暄，甚至提最敏感的問題。而這時候你只能禮貌地陪笑，一邊回憶來者是否認識，同時得恰到好處地回應提問。

　　非常可能前一刻我還在思考人生的意義，回頭我就得回答「為什麼不唱歌了？」這一類的問題。

　　我一直試著把所有對我的提問都和無限生命提綱挈領地整合思考，後來我意識到這是完全行不通的，因為我的被問來自對方企圖表現和我很熟，所以問題本身是沒有意義的，也就是和問我「你和志炫真的不合嗎？」是一樣的。對方並沒有如他們以為的

理解我，實際上他們缺乏瞭解，然而在他們內心感受上，對我的熟悉程度，就像其他認識多年的老友一樣，是情緒的衝動，讓對方想表達和我的連結。

衝動的熱情和有限的理解不對稱，最終能說的，就是一些片面意義的問句，這在我們的社交互動中也經常出現，以這句話為代表：「你瘦（胖）了。」

當然，我和偶遇的歌迷之間也存在資訊不對稱，對方問：「你為什麼不唱歌了？」就會引發我強烈的情緒感受，因為對方不理解，結束歌手的身份對我而言不是單一事件，而是一連串生命的改變，所以這個問題絕對等於「這麼活著有意思嗎？」。那些偶發的提問都是犀利的，一針見血地直指我的軟肋，讓我意識到行走人生五十載，卻沒有多少時候能自主，直到現在我還拿過去跟自己較勁。

生命中的大小事相互牽絆、如此複雜，在沒有理解究竟之前，我很難開口輕易給出答案，尤其在我已經隨性而為這麼多年以後。於是我經常保持沉默。問題的難應付，究竟是因為真心的答案難覓還是因為問題本身，我還是不懂。

《還是不懂》

你還是不懂

在故事結束的多年以後

只有我又被回憶刺痛

你說你還是不懂

記憶中有星星的夜空

怎麼會叫我掉頭就走

還是不懂

在多年以後

你還是不懂

我曾經徹夜等候

還是不懂

在多年以後

我的眼為什麼又被回憶淹沒

你還是不懂

在故事結束的多年以後

只有我又被回憶刺痛

你說你還是不懂

說你害怕一輩子的承諾

拒絕我所有的溫柔

　　一首首歌、一個個沒有結局的愛情故事，承載了那些年我反覆的自以為是：我試著在歌詞裡提出問題，類似而矛盾的題型反覆抄襲，以為安排自己擔任歌裡的受害者能多少看起來純情。我沒有意識到，只有當時的我，被自己的小伎倆耍得一愣一愣的，其他人都明白這些假問題要的不是答案。

　　我深深禮敬那些能一直保持高產的創作人，通過對自己作品的分析，我同時明白優客李林專輯銷售成績的分布模式，這一切都和愛的能力有關。那些特別有愛的創作人，在每一段感情中都真心全力地愛，所以可以輕易地將每一段邂逅，描寫得淋漓盡致，然後那些歌曲也都能打動人心。

　　《認錯》這張專輯收錄的歌曲，大多經過七八年的醞釀，再傳遞至聽者。越往後，為趕上出版專輯的節奏，很多歌詞中的情

緒大概就和一句「明天有空，約嗎？」雷同。

　　短暫的戀愛用速食式的情歌串聯，我開始讓忙碌逐步侵蝕靈魂，而最初的報應只顯現在心神不寧的氣短，什麼事兒都著急，從工作、生活到與人溝通，接著本來的忙碌充塞了心神，生命的焦慮感越來越多。

　　唱片合約即將結束、沒有起色的銷售數字、暗潮洶湧的工作關係，理想彷彿瞬間消失，幸福又無法把握，這種緊迫感的推動使我變得更慌忙、更難相處。當然，我還是很懂得取巧，讓別人順理成章地相信我能繼續擔任有為青年，好比寫書、讀研、創業，哪樣都算傑出，但只有自己才明白，迷失在看不到未來的迷霧中，我只能不停地要，直到幸福從我身邊逃走。

　　那段時間，我還接手了一個深夜電臺的主持，在我之前的主持人將這個節目經營得很有特色，對於這個挑戰我喜出望外，自以為，這將讓我開創演藝事業的另一個巔峰。剛開始做電臺節目，碰上媒體的邀訪，正好能順水推舟，為節目和自己造勢。

　　當我在記者面前侃侃而談對新節目的願景，隨口說出自己熱愛廣播節目，卻冷不防被面前這位訪問過許多資深主持人的記者打斷：

　　「我倒是經常聽到，那些經營廣播節目一、二十年的前輩主持人，用『熱愛廣播』這個詞，沒想到你剛接節目就有這樣深刻的體悟……」

　　果然明眼人都看得出我的空虛，就連張牙舞爪想扮演雄獅都能被發現頂多是隻病貓。所以所謂對廣播的熱愛，也只持續了一年，不記得做過什麼精彩內容，卻又犯了一次暗戀的毛病。

　　對象是節目的製作助理，我們只有在預錄節目的時候，在一家叫做「天音」的錄音室碰面。她的工作就是記錄節目的內容、安排訪問的來賓，以及準備一些文件，是一位剛畢業的小女生。我很用力回憶她的名字，卻怎麼也沒有印象，我們的關係除了一週見兩個半天的同事之外，就什麼也不是。

　　故事的場景是我們在錄音室之外的地點約見，我得把已經錄好而她請假沒能上工的那些預錄存檔交給她。我到得早，站在街口、看著她過街走來，禮貌地招呼、拿走錄音帶、轉頭跑走前，問了我一句：

　　「沒有別的事了吧？那我先走了……」

　　那天，我真心覺得很想見到她，只是我迷上的，恐怕不是這個小女孩，不是她的長髮、不是她的臉龐，而是她的青春及其未來的無限可能。

《沉默》

想了你一天

見面卻沒有多說一些

那句美麗的誓言

終於沒有讓你聽見

然後我送你走

看你搖手看你轉頭

看你消失在街頭

而我一個人還在逗留

連做夢都有你出現

見了面卻無言

我已經把你放在心頭

卻又輕易地讓你走

看似美麗的誓言，可能是精心包裝的謊言；自以為踏上實踐自我的道路，卻是為了掩飾逃避現實的壓力。我開始寫書，試著

成為作家；我開始讀書，試著成為專家；我開始創業，試著當企業家……這些任務本身都是積極的，然而不論做什麼工作，我總是堅持不了兩年，然後不停地換，最終換成了習慣，再也停不下來。

接著我離開身邊熟悉的朋友、離開從小生長的城市、離開一切曾經的牽絆。為了找到更大的石頭我不斷放棄手上握著的石頭，只是石頭越換越小……

一個人的樣子

看到那張掛滿淚珠的臉的自己，我想這就是一個人的樣子

　　優客李林宣布散夥的消息，在臺灣是以報紙頭條披露的，當時震撼了許多人。身為當事人，對此的心態是很微妙的，既希望透過媒體能得到更多認同，又怕報導內容洩漏太多自己內心的想法。但媒體描述的內容實在有些過於詳細，我開始擔心是不是在和記者閒聊時抱怨得太多，不小心說出了內心隱晦的想法，才讓記者洋洋灑灑地寫了半版的內容。

　　很快地，唱片公司老闆撥通了我的電話，問我是否看過這篇報導？我猜對方真正的意圖是警告我別和記者走得太近。這一刻我什麼念頭都沒了，我結束了原本就不太愉快的假期，從墾丁駕車趕回臺北。一個月之後，唱片公司召開記者會，正式宣布優客李林解散。

　　對於這樣的結果，現在的我會表示來得恰到好處，雖然五年

的合約中出版四張創作專輯，數量上看起來不算多，但從實際經驗來看，五年製作兩張專輯，才幾乎可能確保作品投入足夠的情感濃度，當時我們兩個人都不夠尊重專業，也都想同時做好太多事情，最後弄得精疲力竭。

人累的時候，不會有太好的情緒，在關係的處理上也變得比較馬虎。雖然告別的決定看起來是迫於環境，實際上卻是我們深思熟慮的結果。

如果問題還停留在「為什麼不繼續」的思考層次上，那優客李林曾經的一切就失去了意義，因為「繼續什麼」才是最核心的問題。需要繼續的，就不該只是運氣，而是其他更接近本質的共同價值。不過，當所有的好運都用盡，我也只能隨波逐流地問：「為什麼要一個人？」

《一個人的樣子》

94年底　親愛的父親犯老毛病

我家樓下第一次有救護車停在那裡

說是迷信　想想卻也還有些道理

去看他的人　都把傘忘在病房裡

我心目中的勇士　就這樣長眠不起

他連最後　都不讓別人擔心

他就是一個人的樣子

同在一起快樂無比

可是我說我想要一個人靜一靜

我拿起吉他　唱給自己聽

這就是一個人的樣子

95年　January　全世界的媒體都在關心

地球證明自己的力量不是人力能及

幾秒鐘的瞬間　就讓五千人和他們所愛的人分離

電視的報導　鏡頭只看見殘垢瓦礫

人造的森林　變成一座人工的地獄

哭泣的母親　什麼事都已經分不清

只記得一個人的樣子

同在一起快樂無比

可是你說你想要一個人靜一靜

我拿起吉他　唱歌給你聽
這就是一個人的樣子

95年八月　從報上看見我們拆夥的消息
不能說意外　但是多少有點訝異
尤其那天和女朋友鬧得也很不開心
人在墾丁　卻完全沒有度假的心情
到廁所洗把臉　試圖清醒自己
看到那張掛滿淚珠的臉的自己
我想這就是一個人的樣子

同在一起快樂無比
可是有人說他想要一個人靜一靜
我拿起吉他　唱給你們聽
這就是一個人的樣子

有朋友寫信　問起我最近的心情
叫我別再傷心　什麼事都會過去

就像天空的雲只管用力地飛行

說來可惜　我常常抬頭看星星

卻忘記除了星星　天空還有別的東西

也許就是最亮的星才會被注意

我註定要一個人的樣子

　　這真是寫得很好的一首歌，不是嗎？人的孤獨是從一開始就決定的，我們總在與人相處的時候，不去注意別人的好，反而盯著別人的過失，然後用「想要一個人靜一靜」來懲罰對方。或許分手根本來自於一開始的不適合，因為人總覺得自己才是最亮的星星。這樣的經驗我積累了不少，有一些甚至還蠻有趣的。

　　將音樂從興趣變成工作，是從我讀專科的時期開始的，那時新竹有一家叫做「仙人海」的餐廳是我們音樂工作的起點。餐廳老闆王哥最常被問的就是餐廳名字的由來，王哥每次都很海派地回答：「人山人海，看起來就是仙人海了呀。」

　　雖然說得隨意，然而這家餐廳的確培育了不少音樂界的「仙人」，有黃國倫、戴瑞龍這一組合、「新鴛鴦蝴蝶夢」主唱黃安等。有機會在這家藏龍臥虎的餐廳演唱，是我們毛遂自薦來的，只是這時候，學校樂團的吉他手和主唱的組合並非我和志炫，而是一起就讀機械科的同班同學。

　　開始組樂團的五個人都是同班同學，最積極的就是主唱胡志祥，他替樂團主動爭取到了許多演出機會，當然也包括在仙人海打工。聽說是某個週末他在新竹市區閒逛，發現這家餐廳有民歌演唱的服務，就直接走進去找老闆聊。如果不是他，以我和志炫這樣謹小慎微的性格，就算有機會闖出名堂，恐怕也得耽誤比較長的時間。

　　開始在仙人海打工的是我和胡志祥，正確地說，是他帶上我，因為我就是個給人彈吉他的命。過了一陣子，學校的五人樂團變成了八人組合，增加了從隔壁班土木科來的三個人，分別為鍵盤手、鼓手和主唱，這是我頭一次見到志炫。

　　接著勇於嘗鮮的胡志祥，不知道接了什麼業務，和原本排定在仙人海演出的時段衝突，又不想放棄好不容易爭取的機會，所以志炫才以代班的身份出席，仙人海民歌演出的班表上李驥和志炫的名字開始同時出現，現在看來我們的生命軌跡在這一刻就基本決定，果然是緣起不滅。

　　在仙人海的演出班表上，李驥的名字出現的時間比較長，雖然我的角色更像是主唱旁的附庸，不過用行銷的觀點來看，同樣的口號反覆出現的時間夠長，就能在群眾心裡留下印象，所以來仙人海聽歌的常客中，記得我的名字的人相對較多，也滿足了我小小的虛榮心。

　　一天，演出結束，走出餐廳已經晚上八點，我們得趕公車回

學校，因為宿舍過九點就關大門，晚歸是要受罰的。

我和志炫行色匆匆往公車站走，突然感覺身後似乎有人在追趕我們。仙人海雖然只能容納不到一百位客人，但每次我們演出的時候，總會有熟面孔坐在同樣的位置，有些還是穿著校服，看起來像是剛下課就趕來捧場的女生。我想跟蹤者很有可能是想表達愛慕之意，所以放慢腳步，然後我聽到後面傳來呼喚的聲音：

「李驥……李——驥——。」

果然！我猜測得沒錯，年輕少女勇敢地追求偶像，我應該給她們完成心願的機會！我走得更慢了，同時做好準備，在她們趕上時轉過頭，給她們一個最溫暖的微笑。然而，她們喊著我的名字趕上了我，當我帶著燦爛的微笑轉過頭，她們卻踏過了路燈映照下的我的身影，繼續喊著我的名字，跑向前趕上了志炫，在被超過的那一刻，我確認了她們就是總在台下相同角落，對著我傻笑的兩位女生。

我以為自己是別人眼中最亮的星星，沒想到原來在他人眼中，我只是主唱旁邊伴奏的猩猩。

我維持了那個轉頭的角度和臉上的微笑很長一段時間，直到被她們銀鈴般的笑聲驚醒，我快步走向前方，在超過她們的同時，惡狠狠地撇下一句話：

「趕緊走！遲到了！」

估計從那一刻開始，我和志炫之間的瑜亮情結便已種下，不

論嗓音還是學習成績，各方面我都甘拜下風，唯獨趾高氣揚和死要面子是我的強項，歌迷崇拜的眼神不能讓誰獨攬，最少也得爭個平分秋色才行。

當時在學校樂團中，吉他手拉著貝斯手提出搖滾主張；主唱同鍵盤手想走情歌路線。空中補給和老鷹樂團的歌成為不得已的折衷選擇，否則就找不到可以練的歌了。這種既合作又競爭的夥伴關係，直到大夥陸續畢業入伍服役，才算告一段落。

退伍之後樂團成員各奔東西，無力重新組合，只剩主唱志炫和我這個吉他手，依然朝著夢想蹣跚前行，這時候我們不再計較了，只要有機會演出，只要台下有人點歌，我們都樂於彈唱，至於誰是星星還是猩猩，就不那麼重要了。

為了避免學生時期選歌的衝突再發生，我們除了練習當下最受歡迎的流行歌曲外，也開始試著自己創作，努力將寫了五年情書的功力用上。當年我們的理想是到木船餐廳（就是每年舉辦民歌比賽的臺灣主流民歌餐廳）演出，由於連續三年的參賽沒有得到名次，我們終究沒能正式踏上這家餐廳的舞臺。出唱片雖然也是我們努力的目標之一，但銷量卻非我們的預期，因此共同追求理想的協力也淡化了。

沒有願景的組合註定要散夥，這宿命幾乎從一開始就被設定，後來發生的種種，只是讓這結果一步步浮出水面。

我談的好像是自己歌曲背後的故事，但其實這一切都是自然

的緣起緣滅。如果當年我能看清這個道理，就不會讓同樣的情緒在每一個感情事件中重演。但也因為看不清，才能產出這麼多看似截然不同，卻又如出一轍的情歌。嚴格地說，它們不是一首首單獨的歌，而是生命中反覆唱響的副歌段子，提醒我無盡輪迴之苦罷了。

《一個李驥》之後，我再也無心力創作了，人說苦盡甘來，我卻感覺苦無止盡、躲也躲不掉，就像老鷹樂團著名的歌曲《加州旅店》裡的一句歌詞：「You can check out any time you like，but you can never leave.」

整首歌在這句唱完後，就再沒有歌詞，接著是不停反覆相同的和絃，吉他獨奏似無止境。天哪！原來外國人也能用深切的歌詞、精巧的編曲來涵蓋佛法的深意。這讓我傻了很長時間，一路聽音樂卻好像從來沒有真正聽懂，包括別人的也包括自己的。

真正讀懂自己創作的這首歌，是在2008年汶川大地震之後，當時還在逃避的輪迴中掙扎的我，再度為自己找了另一個光鮮亮麗的頭銜，成為一名心理諮商師。幸運地，我和華東師範大學的教授，一起接受了一項針對青川中學師生災後心理輔導的任務。

地震過後，偌大的學校，只走出來三十二名師生。我本來以為會遇到一群唉聲嘆氣的學生，畢竟這是一場奪取將近七萬人生命的大災變，讓能想到的一切，學校、同學、老師、親人……都在一瞬間灰飛煙滅。

　　他們再如何怨天尤人都是可以理解的。但我在他們身上看到的並非怨嘆而是感恩，雖然他們看起來依然憔悴、虛弱，但每一位學生眼中，都帶著對未來的期待和希望。他們認真地配合我們的心理輔導課程，努力從悲傷中走出來。通過互動，我彷彿聽見他們內心的承諾：我會為了自己和愛我的人好好活下去，不論我的愛是否還在。

　　原來十年前，我就為你們寫了這首歌！

　　　2008年5月12　我的心和你們在一起
　　　大自然的崩落也拆不散我們堅持的心
　　　我們相信只要牽手向前就能跨越分離
　　　　真愛的呼喚能穿越殘垣瓦礫
　　　大山的森林保護地球生命的孕育
　　　短暫的別離　輾轉結生如母有情
　　　　　這就是一個人的樣子

　　同樣的詞如果執著在自己，考慮的就是星星與猩猩的不同，自私的結果，註定孤獨地分手；當關注放在他人，看到的都是人性的價值，懂得給予和感恩，心和心就能共鳴。誰和誰適合？誰和誰註定一輩子相守？當我們找到做一個人最根本的樣子，答案

也就自然出現了。

Don't Cry My Baby

太陽和月亮總在照顧大地，怎麼說只有你在傷心

　　長子和父親的關係是很微妙的，愛之深責之切，從小期望的眼神落在肩頭，對我而言肯定是沉重的。為了跟上父親的足跡，我肩負著壓力，偶爾還得忍受不被理解的委屈，在父親的背影下逐漸成長。待自己身強力壯，能大步超趕父親的那一刻，才意識到父親已垂垂老矣。

　　父親走了將近十四年，我還是深刻記得最後那幾天發生的事：他是突然倒下的，我從沒料到，救護車將他從我家樓下送進醫院，竟是有去無回。

　　他被送進醫院的第二天，所有人都到醫院看望他，他還和阿姨約好回家做打滷麵。第三天清晨，在家裡接到媽媽打來的電話，說爸爸不行了，那一刻，藏在心中的話，不論是他的還是我的，都來不及告訴對方，迫不得已，只剩告別。

父親一定有很多祕密，只是做子女的我們都太自私，從來沒有問過扛著壓力的父親會不會累。我一直比較傻，體會不到父母的辛勞，只是在朦朧的兒時記憶中，依稀記得父親經常單獨帶著我出門，我們似乎一起走過很多地方。或許長子對父親有著和其他孩子不同的意義，所以除了能擁有各式各樣進口玩具之外，也少不了嚴厲的教訓。所以我對父親的印象是複雜的：偶爾是出遊時牽手的呵護；偶爾是帶著禮物回家的敲門聲；偶爾是拿起藤條的責備，所以在進入社會之前，我對他一直保持敬而遠之的態度。

從學校畢業到退伍之後，父親曾經試著幫我介紹工作，那是在他服務的金融機構，做電腦資訊管理和維護的工作。拿到就職通知書，我卻選擇不去報到，因為進了這樣的機構，我就沒法提前下班到基隆唱民歌了。我沒考慮這個職位可能是父親動用了許多關係，才爭取到的機會，沒有和他討論就選擇了放棄，估計讓他有些難堪，只是他從來沒說過。

他雖然擔心我不懂得找個安穩的工作，日後會吃苦，不過他還是讓我自己選擇，就像他當年選擇自己的路一樣。

真正開始瞭解父親，是在我做了歌手出唱片之後。1991年的《認錯》出乎意料地暢銷，優客李林的音樂從臺灣穿越海峽在兩岸同時被傳唱。第二年我們就受邀到上海，錄製電視劇《愛你沒商量》的主題曲，並到成都參加電視節目錄影。那一段旅程發生

了好多事，但令我印象最深的，是我在上海入住西郊賓館的那個晚上。

　　知道我要到大陸，父親神祕地在出發前抄給我一個電話號碼，交代我到了上海要打電話給大哥。雖然在臺灣的家裡，為了不讓媽媽不開心，沒有人能公開地談論父親來臺闖蕩前的模樣，但聽和父親一起走過大江南北的結拜兄弟提過，當年父親絕對是風流倜儻，身邊不乏紅粉知己，所以曾有過一雙子女。他來臺之際還帶著我們的這位大哥，只是大哥習慣了上海十里洋場的熱鬧，不適應南臺灣的樸素，獨自搭船回了上海，父子二人便開始了兩岸相隔的思念。

　　屬猴的父親，在銀行同事的介紹下，和媽媽在臺灣成家時已四十好幾，很快就生了四個孩子，屬馬的我和父親足足相差四十六載。那時我們都還年輕，無法理解父親的心境，也不知道他為了維持臺灣婚姻和家庭的圓滿，一個人按捺著內心的澎湃。雖然從長輩的交談中，知道了這位大哥的存在，卻更同情被蒙在鼓裡的媽媽，覺得她嫁給了一個帶著謊言度日的人。

　　我遵守約定，到了上海就撥打父親交代的電話，大哥確認我住的酒店，說要騎自行車過來，從他住的大院到西郊賓館，直線距離有十三公里，而他連夜騎單車過來，這樣的心情得多迫切。

　　大約一個鐘頭左右，門口有人喊著：「李驥，你哥哥來找你了！」我正懷疑他們怎麼認出來者是我大哥時，就在房間門口看

見一位長得跟父親幾乎一模一樣的男人，除了個頭明顯矮了些、臉上的皺紋少了些。那一刻我明白大哥和父親之間微妙的連結了，沉默的關係維持了一輩子，理解卻只需要一瞬間。我明白了父親從來不提大哥的原因，哪怕只是半句想念，都會是止不住的淚水和藏不住的後悔。

隔天宣傳員帶著我和志炫去大哥家見他的家人，搭計程車都得將近一個鐘頭才到，我才知道昨天晚上大哥的自行車騎得有多趕。當時還沒拆遷的南京東路因為高架的施工，顯得十分擁堵，我們花了一番功夫才找到那裡。

舊里弄內兩層的房子，住了最少七八戶人家，我們三個人就和大哥大嫂、侄子侄女以及兩個侄孫，擠在床板旁的餐桌前湊合了一頓。晚上回到西郊賓館，大哥又趕來了，帶了十二隻大閘蟹要我帶回去孝敬父親。已經五十歲的大哥孤單一個人闖蕩了整整半輩子，依然惦記著他在海峽另一邊的老爸，這麼靠近父親的我卻不懂怎麼和他說說心裡的話，我深深感到慚愧。

父親過世，我沒有和大哥說，原因只是擔心大哥會來和我們這個家爭些什麼。其實家裡也沒有什麼可爭的，我們一直得到過多的父愛，尤其是父親思念長子不得，更加倍用心照顧我們，而我們對這份親情滿不在乎，但對大哥而言卻是可望卻不可即的。

父親過世後我也面臨一連串事業的挫敗，《一個李驥》專輯沉悶的調性正對應了當時的心情，而父親的離開正持續地影響著

我，當時的幾首歌都在描述這種難受的心情，《Dont Cry My Baby》是其中的一部分：

《Don't Cry My Baby》

清晨的街頭只有一個人影
彎著背穿梭在車與車之間
為著孩子在努力
孩子只會眨眼睛
今年就滿三十一
知天命的他就這樣掃著地

夜半巷子裡有腳步聲響起
一名女子正趁著夜色離去
她不打算嘆氣
因為父親要養病
國中畢業開始走進風塵裡
幾年的時間已經忘記了自己

So don't cry my baby

看看窗外的世界

小樹悄悄地長成森林

太陽和月亮總在照顧大地

怎麼說只有你在傷心

我還記得那天夜裡的情形

剎那間音符都失去意義

他的年紀很輕

剛結婚一年的光景

只留下音樂和惋惜

所以有些事我想告訴你

Don't cry my baby

看看窗外的世界

小樹悄悄地長成森林

太陽和月亮總在照顧大地

怎麼能說只有你懂得傷心

他的離開對我是個打擊

但是現在我得更加努力

不一定要第一

總要對得起自己

將來拿得出一點成績

再見面時也好讓他高興

Don't ever cry any more

看看真實的世界

小樹總有一天變成森林

太陽和月亮永遠照耀大地

怎麼能說只有我懂得傷心

　　他的離開我很傷心，當時的我才剛試著去理解男人為人夫、為人父的責任。可是在我還不知道該怎麼做，以及他希望我怎麼做的時候他就走了，讓我再怎麼哭喊，都問不出答案，有很長一段時間我都不知道該怎麼辦。

　　時間可以平復情緒，但心痛還是帶來改變，我開始在生活中變得更像父親。原來的我絕對不碰苦澀的咖啡，後來卻成為和父

親一樣的黑咖啡控；我從沒想過會在大陸生活、工作的，卻去了父親曾經走過的每一個城市。我內心默默地以模仿父親為榮，嘴巴上卻絕口不說。

千禧年後的十年，是我生命轉折的重要過程，只是這轉折來得太慢，時間也拉得太長。父親是我在原生家庭的唯一約束，他離開後我開始躁動不安，那一顆爭寵的心在各方面作用著。我的確爭出了一些成績，但傷害到的肯定更多，到最後只能背棄一切承諾，出走陌生的城市。如果將時間的因素抽離，你就會和我有相同的發現：沒有任何事是獨立且突然發生的，我所說的陌生城市也並非全然陌生。

北京是父親曾經工作、生活的城市，就算最後落腳臺北，他依然用味覺喚醒年少的記憶。許多料理店都曾是父親領著我們去嚐過的，通過舌尖引發的回憶，我似乎能在長安街旁好多的角落發現他的身影。一個人在北京的悲苦，靠著父親穿越的帶領，讓我有了勇氣嘗試再往前，就像跟在父親背影的孩子一樣，原來有了跟隨的足跡是如此令人心安。

之後我來到上海，這座十年前我曾經到訪過的城市，人與地的連結更加真實。大哥和我生活在相同的城市，這讓流浪的我開始有了一種回歸的感覺，而熟悉的味道繼續提供了另一種安全感。

媽媽的料理一直延續著她家鄉的口味，隨意走進任何一家家

常飯館，彷彿就能看見媽媽親手做的料理，所以我不是真的像我所抱怨的那樣，承襲了父親的流浪基因，而是看似巧合卻必然地停留在父母早就替我準備好的庇護所。

在上海一待就是八年。這些年發生的好些事，我卻怎麼都想不起來。昨天夜裡和一群好朋友訴苦，抱怨寫書的字數要求讓我腸枯思竭，朋友們熱心地幫我出主意，特別提到我曾經在上海做出的成績，甚至寫過歌。

他們提到的電視節目——《創智贏家》我是記得的，但過程中寫過歌，我就不復記憶了。令我感動的是有些朋友就把曲調哼唱給我聽，還有些朋友不知道從網上的哪個角落搜到完整的歌詞發給我。這樣的感動、這種能量的漣漪一定是通過愛才能傳遞，我身邊圍繞著這麼多懂得分享愛的人，怎不令人動容？

《珍愛》

開始相信一見鍾情童話會實現

從你第一次走進我的世界

目不轉睛　連靈魂都想圍繞在你的身邊

一眼換一生眷戀

握你的手　在星星閃爍夜風拂面
靠背長椅上歇著我們的並肩
一切的規矩我都願意為你而改變
交換你一句誓言

我會寵愛你一千萬再一千萬遍
因為每天都感覺更多愛你一些
指環的金剛鑽石閃耀著給你的世界
還想保留戒痕見證一輩子的愛戀
現在到永遠

　　《創智贏家》是上海東方衛視在2005年製作的一檔創業真人秀，我參加了第一季的節目，其中一集的創業專案是婚禮籌劃，為了替新人留下感動的回憶，也為了證明自己能夠獨當一面的創業實力，我為這對新人創作了一首歌曲。

　　愛是一種穿越時空的能力，只要你相信並且真心盼望，那些你給出的愛都會回來。我無意炫耀自己的才華，但奇妙的是，對這段經歷我幾乎沒有記憶，而在那段被遺忘的時光裡，我所做的很多事情還是值得記憶的。

　　朋友們聽我抱怨人生也快十年了，原本以為那天的聚會只是一場八卦話題的分享會，沒想到他們用自己的方式替我記錄生命的軌跡。十年後重放那些感動的片段，讓我明白美原來都在，我欠缺的是一雙發現美的眼睛。凡走過必留下痕跡，我從沒失去過什麼，父母親都還在用另一種方式引領我、保護我，我隨時都沐浴在愛裡。我想用智慧和感恩繼續努力，將來再和父親見面時才能讓他高興。

I Love You Forever More

用我藏在內心所有的感謝寫一首屬於她的歌,把忘記告訴她的愛也毫不保留

　　說起我的媽媽,還得從中國近代動亂變遷的大環境開始說起。外婆算是出身浙江寧波望族,如果不是這樣,當時不可能以文員的身份跟隨國民黨政府四處遷徙。不確定的年代,讓外婆帶著媽媽和剛出生的舅舅離開了愛人、離開了家。

　　她們首先西行到了江西贛南,透過媽媽偶爾的怨嘆我才得知路程中的艱辛。往贛南的路上需要橫渡鄱陽湖,當時舟少人多,每艘船擠滿了人。據媽媽的描述,湖上不只有風浪,還有體形巨大的湖獸,一個躍身就能掀翻一艘渡輪,外婆和她是有多幸運才能到達彼岸。我不理解能撞沉渡輪的生物該有多大,但我確定在一個才幾歲大的小女孩心裡,離家逃難的不確定性就像面對隨時會吞噬未來的怪獸,心裡的緊張焦慮十分巨大。

　　媽媽說當年外婆差點不要她,因為逃難的過程中,她渾身長

滿了像魚鱗一樣的癬，怎麼治也治不好，幸運的是碰上了一位仙人，給了一帖草藥方，連續抹了幾天才好轉。媽媽認為身上的癬是碰到湖獸的鱗片才感染的，這讓她既疼且怕。

現在回想，皮癬是過敏引發的皮膚炎，加上媽媽有哮喘的毛病，多重原因才造成過敏反應，應該和鄱陽湖的怪獸沒有關聯。但無論發病的真正原因是什麼，最後都落下了病根，這才是媽媽敘述這故事的本源。

媽媽是長女，出生後沒兩年便有了弟弟，在傳統的家庭觀念中，肯定特別珍貴小兒子。媽媽絕對有著傳統女性的賢淑美德，記憶中照顧外婆的大小事，幾乎都是由她親手操持，也很少聽到她的抱怨。偶爾媽媽會說起過往，從故事的蛛絲馬跡中，還是能發現她內心一絲絲的不認命。

父母結婚是來臺定居將近十年之後。當年外婆帶著還年幼的媽媽和舅舅，一路輾轉奔波才來到臺灣，在外婆的安排下，姐弟兩人進入小學就讀。當年的媽媽熱愛文學，學業不差，卻因為要照料意外跌傷而臥床的外婆，放棄了高中的學業。

十幾歲的年紀，她一個人要照料全家起居，光是生火做飯就是不小的挑戰。當年燒飯需要起火燒柴，廚房裡充斥著煤灰、油煙，媽媽總說自己的哮喘是吸進了太多的汙氣才引發的，因為她在廚房裡忙活著。從十幾歲到二十幾歲，幾乎都穿梭在柴米油鹽的霧霾之中，一直到外婆和後來的外公想起，媽媽年紀不輕了，

才給她安排相了親。

　　之所以說我的外公是後來的，只是為了讓讀故事的你明白，政治上的對峙造成情感聯繫的分割與家庭的分離，這種現象尤其發生在我們這一群被歸類為外省人的家庭裡。

　　外婆從沒想到當年以為的暫別，會成為一去不回的不歸路，最後終老異鄉也不知魂歸何處。孤兒寡女來到臺灣，外婆的心慌可想而知的，當時外公的追求恐怕是心靈上僅有的慰藉，因此媽媽有了後爹，而我們有了外公。

　　父親是這位外公在銀行工作的同事，父母的相識是在媽媽二十八歲那一年，在那個年代，這個歲數已經是大齡，如果不是條件特殊，不論誰家的黃花閨女都早就鳳凰于歸了。為了盡孝錯過婚期的媽媽，很快應許這門婚事。

　　媽媽常說那時候很多人上門求親，是她看上父親英俊的外形才決定下嫁。然而面對一位相差二十二歲、過往家世又一片空白的大叔，媽媽當時做出的決定，絕對需要相當大的勇氣，或許想要離開那個讓她飽受苦難的家也是原因之一。

　　父親和媽媽剛結婚那幾年還住在外婆家，父親在那個歲數依然阮囊羞澀，一方面是公務人員工資不高，但更重要的是因為他風流的個性，早年的家底已經揮霍殆盡，只能在這次成家之後再開始積累。好在媽媽省吃儉用，勤懇持家，幾年之後就攢了一筆錢，再利用銀行員工的貸款，買下了間小公寓。

　　雖然只是小小蝸居，但媽媽總算完成她獨立生活的心願，只是後續的生活並不理想。在媽媽結婚之後，舅舅很快也成了家，外公外婆的一幢兩層樓房，按照習俗留給了舅舅，但這也意味著長子需要負擔照顧長輩的義務。只是當年舅舅選擇當一名職業軍人，經常不在家，舅媽一個人面對生活不能自理的婆婆，日子自然稱不上美滿。

　　當媽媽還住在外婆家的時候，妯娌之間至少還能相互關照，家事和老人照料有個幫手，這樣的生活也還能湊合。等到媽媽搬了出去，現實的問題立馬被放大，說閩南語的舅媽，整天面對需要用寧波話溝通、樣樣得侍奉的婆婆，苦悶糾結的心情可想而知。於是各種矛盾衝突不時產生，讓選擇離開的媽媽最終還得回頭照顧外婆，在兩個家之間來回奔波。

　　我相信外婆的脾氣是暴躁的。離鄉背井來到陌生的環境，就算思念故鄉卻怎麼也回不去，剛開始期待展開新生活，又因為一次意外再也不能離床，被禁錮在身軀中的孤單靈魂是痛苦的，只能藉著生活上的瑣事發洩。媽媽從小熟悉外婆的個性，也早已習慣服侍，外婆也是習慣看到媽媽在床前的，以至於有些事情並不是別人沒做好，然而除了媽媽，沒有誰跟著外婆翻山越嶺，沒有人能明白她們之間相依為命的艱難。

　　這些日子雖然苦、雖然難，媽媽還是盡心盡力地做。內心深處或許也有抱怨，但媽媽依然盡到孝女的義務。一直到我小學四

年級那一年外婆撒手西歸，媽媽替外婆擔的心才總算放下了。

　　我的創作多半來自情感的失意，很少能在事先命題的狀況下寫好一首歌，不過為了媽媽的母親節禮物，我還真完成了一首寫給她的歌。這首歌的緣起是來自當年的一檔綜藝節目《小燕有約》的邀約，在母親節當晚的直播節目中，演唱一首寫給母親的歌。

　　這個通告是在節目直播前一週才確定的，這表示我只有幾天的時間就得完成。我想當時我和唱片公司一定都為了爭取在這個黃金八點檔的節目中播出一首單歌的機會而鬧失心瘋，竟然接受了看似不可能的任務。

　　能寫完這首歌真得感謝我的媽媽，一年之中她最不喜歡的節日就是母親節。聽到電視播放慈母頌，她不是轉台就是關掉電視，因為外婆在她心目中的分量一輩子不可取代。所以寫一首歌在母親節當成禮物送給媽媽成了既省錢又獨特、性價比特高的美事，當然讓我更有動力。

　　歌詞中的描述全都是真實的，一向成績不好的我，學期末拿成績單回家是不可能不挨揍的。印象中唯一一次逃過懲罰，是我偷偷拿原子筆把成績單上的紅字描成藍色，才讓媽媽在成績單上簽字。不過這頓打最終沒有逃過，開學前我重新拿出成績單時，媽媽很仔細地把我的成績單看了個遍，當然發現了蛛絲馬跡，速速把我喊過去、狠狠把我揍了一通，這件事估計我一輩子都不能

忘記。

　　早餐則是另一件讓我畢生難忘的糗事。每天送四個孩子出門上學，媽媽一早能準備的早餐就是沖泡牛奶和一個煮得半生半熟的水煮蛋。一般我們得在清晨六點前出門趕頭班公車，從這個時間點倒推回去，可以預想媽媽得多早起床為我們張羅。

　　而為什麼我對早餐印象特別深刻？是因為我們都遺傳了媽媽的過敏基因，尤其是我，從小腸胃一向不靈，每天吃完雞蛋牛奶，常常剛上公車，肚子就開始鬧騰，更驚悚的是從住家到學校，得換兩趟公車、行進一個半鐘頭的時間才能抵達，這是我不愛上學的原因之一。每天得強忍著鬧肚子，堅持將近一百分鐘，這樣的糗事我能忘得了嗎？

　　所以這首送給媽媽的歌，完成的速度還算快，寫好後，應電視臺的要求，藏著沒讓她知道，直到當天電視臺派了專車邀請媽媽上直播間，她才第一次聽到兒子在臺上唱專屬於她的母親節歌曲，當時媽媽的心肯定是樂開了花吧！

《I Love You Forever More》

從來就不知道她究竟是幾點起床的
反正早餐總會出現在我起床三十分鐘的時候

不記得做過什麼事情叫她高興得忘記煩憂
但是每次拿到成績單我就知道回去一定挨揍

每年總有一天她不愛坐在電視前面享受
是因為怕聽到太多人次唱慈母頌會想起外婆
而剩下的三百六十四天裡她過得也不輕鬆
擔心他的寶貝兒子我是不是又在外面闖禍

所以我下定決心要讓她幸福快樂
第一件事情就是不在母親節對她唱慈母頌

用我藏在內心所有的感謝寫一首屬於她的歌
把忘記告訴她的愛也毫不保留
再用她賜給我全世界唯一的歌喉對她說
I love you forever more

　　這首歌除了收錄在專輯之外，我只唱給她聽過兩次，頭一次
是在直播節目的舞臺上，再一次是在她過世後的追思禮拜教堂
中。

　　原生家庭對孩子情緒的影響是毋庸置疑的，只是在我身上顯現的，多半不是言行舉止的重現而是情緒模式的複製。不知道從什麼時候開始，我有了想要離家的念頭，好像遠走高飛就能把家裡一切煩心事擱在一邊不管不顧。

　　認識妻子的事我從來沒有對家人講，我和妻子的年齡差距與父母年齡差距一樣，前半生的風流倜儻讓我和父親一樣青春虛擲，能夠成家都得感謝另一半的勇氣和決心，到現在我才發現，自己和父親原來那麼相似。

　　我明明是優秀的心理諮商師，總能深刻覺察來訪者的內心，卻太晚發現媽媽的心事。原來那些一直沒有完成的夢想、一直放在心裡的擔心，才是讓她最後幾年不能開口說話的原因。音樂工作結束後我到大陸流浪十年，擔心無法得到家人的認同而對媽媽產生怨懟，直到後來自己為人夫、為人父，才逐漸理解媽媽為我操的心，願意重新回到她的身邊。

　　媽媽不是特別習慣對我說過去的事，或許是因為我也不習慣像個孩子似地在她身邊撒嬌。但是總算還來得及，最後幾年我還是從她口中聽見了一些關於他們的事，讓我有機會拼湊那些我來不及參與的過去。當媽媽越來越老、她的話也越來越少，有時候一些莫名的對話會在她嘴裡脫口而出，帶著濃烈的情緒，彷彿那段苦日子又在她腦海中重現。

　　我沒有像媽媽照顧外婆那樣盡力，她老去的時光大半是弟

弟、弟媳以及外傭的照料、陪伴，我的重心還是自私地放在自己的家庭，只有偶爾才抽空回家陪伴她。

媽媽離開之前，住進了醫院的安寧病房，由幾個孩子輪流照料。直到那天上午，在公司開會的我接到二姐打來的電話，說媽媽不行了，我匆忙趕去醫院，直奔媽媽住的那間病房。推開門，卻只見空蕩蕩的房間。醫護人員小心翼翼地說，媽媽已被移往告別病房。頓時強烈的失落感襲來，原本以為媽媽的老去已經足夠緩慢，讓我為她的離開做足了準備，然而面對離別，我卻不知如何應付。

在我五十歲那年，媽媽走了。依照媽媽的信仰，基督教的儀式簡單而隆重，一群親友回到父母曾宣誓一輩子相守的教堂送她走，而我作為家屬代表上臺致辭，內容我不太記得了，好像說了些感恩的話，卻記得把寫給她的歌再次唱給她聽，媽媽跟著父親的腳步結束了這一生的旅程，留下我們繼續傳唱著生命之歌。

在開始養育自己的子女之前，我是不懂得感恩媽媽的付出，可能因為她是如此傳統的女性，認定自己生為長女、妻子和母親，就該全然付出不求回報。媽媽以身教做給我們看，卻忘了告誡我們要和她一樣。又或許是我獨佔的心過於強烈，不甘願將媽媽的愛分給姐姐、弟弟甚至還有外婆，所以我不停地抱怨她愛得不公平，然後賭氣離家，用懲罰自己來報復這一切。

這些情結在媽媽離開後都結束了，如果不是她給了我人身、

給了我善良的心腸和敏感的心思，我不可能擁有這麼多精彩的記憶。謝謝媽媽送給我她的故事，讓我有機會重新溫習她的生命，從她給我的線索中完成生命的拼圖，並且將她的關愛傳遞給我的孩子。

媽媽一生拼命地為她的母親、先生和孩子建構了盡可能圓滿的家，這種拚命努力的特質我確定得到了遺傳，並且毫無疑問會發揚光大，因為我還是想成為媽媽眼中的好孩子。我會試著做到最好，謝謝您，媽媽，I love you forever more。

我是誰

浮雲遊子揚帆歸航，乘著故鄉的風，迷失的心再一次屬於自我

《我是誰》

我出生在臺北市的1966年夏末
童年玩耍的鄰居女孩叫阿囡跟蘋果
尪仔標還有彈珠我整天握在手中
咱家的兒童樂園就是家院後山坡
阿公的黑白電視六壯士每晚準時演播
還有歌星演出群星閃耀在天空

十幾歲的時候搬到愛國西路念南門中學
住在傻瓜乾麵旁邊的平房瓦樓

為了鄰家的姑娘假裝自己是個多情種

在院子裡頭養了野貓幾百頭

夏天知了高聲唱歌的樹上結滿芒果

喚來颱風邀請木屋共舞在風雨中

誕生，成熟，親人，朋友，夢想的天空朦朦朧朧

志向，理想，幻想，成功，相信我的未來不是夢

五年時間住在新竹念明新機械動力組

沒有老媽的督促成績down down down滿江紅

更慘的是臺灣話都不會說得從頭學過

新豐街上的客家話更是一竅不通

散場電影是學長的樂團名叫木吉他

*Jim Cross*的歌詞我卻能背得滾瓜爛熟

兩年的當兵生涯我在中壢龍岡那兒度過

沒去過外島的阿兵哥日子還算輕鬆

沒有兵變的女朋友在退伍兩年後跟我分手

在電腦公司修印表機的傻小子還在做夢
新台幣三萬多的工資已經相當不錯
卻在餐廳唱歌希望哪一天能一炮而紅

優客李林的五年合同趕上臺灣經濟長紅
Just For You從南到北響起包括香港新加坡
向前走的新臺北車站場景把林強拍紅
優客李林也在售票大廳彈起吉他唱認錯
一百萬張專輯唱片成就兩個男人出盡鋒頭
一萬兩千點的股票指數讓臺灣錢淹腳目

誕生，成熟，親人，朋友，夢想的天空朦朦朧朧
志向，理想，幻想，成功，相信我的未來不是夢

2000年從臺北飛到北京為了生活發愁
打的穿過長安大街看見父親提過的會賓樓
上半輩子他生活的土地輪到現在的我走
相同的卻是我們都離開了兒時的夢

林志炫的單身情歌在北京滿大街地播
而我一個人在尋思自己究竟哪裡做錯

本地的朋友常問起我臺北老家的總總
說實話我真的不知道怎麼回答才算適中
離鄉背井奔波大江南北尋找自我的認同
和我一樣的幾十萬臺灣移民在上海打工
臺灣上海流浪的我們究竟誰能認同
上海版的鹿港小鎮讓漂流的心放聲嘶吼

臺北，新竹，北京，上海，夢想的天空朦朦朧朧
志向，理想，幻想，成空，是誰說我的未來不是夢

汶川地震讓中國人直面生命中最真實的痛
學習心理諮詢讓我有能力伸出援助的手
失去所有的孩子們努力拼湊重新開始的夢
他們陪伴我一起告別舊夢找回動力向前走
生命的意義不是嘆息過去失去了的所有

自憐自艾換不來一絲未來美好的成就

十年之後重新翻出這首歌的我已經大大不同
不再逃避過去明白一切現行都是因果
放下自以為的流浪基因開始腳踏實地生活
告別一個李驥的孤獨相信有夢有朋友
浮雲遊子揚帆歸航乘著故鄉的風
迷失的心再一次屬於自我

臺北，新竹，北京，上海，夢想的天空萬里晴空
志向，理想，智慧，看透，相信我的未來不是夢

　　在這麼多篇文章中，這是我第一次將歌詞放在文章的起頭。這首歌前前後後反覆寫了幾十年，尚未殺青便超過一千多字的歌詞，大致上已概括了我前三分之二的人生，相當完整地呈現了我大半輩子的故事。

　　開始創作這首歌的時候，我完全沒想到會用在一本關於自己故事的書裡，令人不得不相信緣起法則——生命中每一件事情終將和另一件看似無關的事情互為因果。而在這過程中，我永恆不

變探尋的問題，就是「我是誰？」

兄弟姐妹四個人爭享父母的關愛，讓我們總覺得自己被愛得不夠多。而在我十歲之前，具足了孝心的母親還得照料長期臥床、生活不能自理的外婆。我對母親的孝行雖然銘刻在心，但多少也存在私心的抱怨。疲憊的母親僅僅應付生活瑣事，就已耗盡所有的時間，當然無暇陪伴我們。所以在媽媽領著我們到外婆家之後，孩子們就是在外瘋玩，企圖從遊戲中尋求愛的替代。

那個時候，外婆家在市區內相對偏僻的區域。距離不遠的地方，有一個被孩子們稱作「後山坡」的地方，實際上是一座荒了的墳。以孩子的步伐繞這個墳走一圈也得要一兩分鐘，估計曾經是當地望族的祖墳，只是我們踏上的時候已經是一片荒蕪。

我們在後山坡玩的不外是捉迷藏和抓螞蚱，但是怎麼玩都玩不膩。記得每次回家才知道自己多野，穿著學校制服短褲的腿上總拉了一條一條的口子，洗澡都不能碰水，少不得挨媽媽一頓教訓。不過教訓歸教訓，只要到了外婆家，我們絕不會老實待在屋裡，肯定找幾個鄰居就跑去後山坡，我們知道，照顧外婆的媽媽沒有時間管我們。

臺灣一直是多元文化的集合地，從孩子們的小名就可以看出：小時候我有個很洋氣的名字叫做大衛；我的表弟則叫小強，雖然他的名字裡並沒有「強」字，可能是當年舅舅、舅媽希望他長得身強體壯，估計現在他肯定不樂意別人這麼喊他；表妹的小

名是阿囡，是上海話發音「A-Ner」、「小女兒」的意思，因為外婆是從寧波遷來臺灣的；鄰居本省家庭的小女孩，小名是林檎「Lin-Gok」，是日語中「蘋果」的意思。

所以當年的後山坡遊戲，也是文化的融合。對孩子來說，從來不問你從哪裡來，既然來了就一起玩，那個大大的後山坡永遠有足夠的愛和歡笑可以分享。

年少時雖然勉強理解母親的孝心和持家的辛苦，卻從來沒有想過為她分擔，只是抱怨被忽視而在遊戲中瘋玩，尋求情感的補償。

後來我們住的愛國西路的大院裡有我十年的青春歲月，很多創作的種子都在這個階段萌芽，但當時大多著墨於青澀的戀情，對周遭場景的描述較少。這個住所是公家的宿舍，入住的原因是家計的考慮，四個孩子沉重的生活及教育費用，讓父母必須量入為出，所以經濟實惠的公家宿舍自然是不錯的選擇。

這些兩戶相連的兩層木造建築，應該是日本人佔領期間建造的，在臺灣光復後轉交給國民政府，最後編派成為銀行的員工宿舍。等到我們入住的時候，屋齡應該已經和媽媽的歲數相當，幾乎稱得上是古蹟了。

在臺灣住在這樣的建築裡是很特別的經驗，只要強度超過一定等級的颱風登陸北部，晚上睡覺的時候我就特別喜歡將背貼在牆壁上，因為你真的會感受到整個屋子結構在風勢的推動下彎

曲，像是和著風的節奏在扭腰擺臀。孩子的想像力將這段經歷很童趣地保留下來，但是我想爸媽對這樣的狀況一定開心不起來，如果不是養我們花費得太多，他們一定早就搬到相對安全的屋子了。

然而也因為這樣的機緣，我們才有機會在城市中相對幽靜的環境生活，伴隨著花草、野貓和一群來自不同地區的孩子們一起成長。

在那個大院生活的日子，讓我們脫離了狹小公寓的起居，結識了另一群年齡興趣相仿，家庭背景迥異的鄰居。只是當時我看到的還是他們擁有而我卻缺少的，「我是誰」還沒成為具體的問題，因為我還忙著幻想，忙著扮演著我自以為的角色，或許「我不是誰」才是當時我最希望的。

考上明新工專可能讓父母鬆了一口氣，因為當孩子們逐漸成長，小小的宿舍空間已顯侷促。於是十五歲起，我開始離家獨立生活。我完全贊同送孩子到寄宿學校就讀，因為很多事情，對一直在父母庇護下的孩子而言是不可思議的，比如被單如果不換洗就會發臭。

千萬不要笑話我，這真的會發生。住校第一個學期，我的枕頭套一次都沒有換洗過，直到學期末需要將被單帶回家清洗，拆下的那一刻，我才意識到四個月不換洗枕頭套，會出現什麼樣的結果……我不形容，也希望讀者不必想像，只是男生宿舍五味雜

陳的情景，恐怕您也可以從這件事一窺究竟了。

當然除了學會生活自理，住宿五年最大的收穫，自然是彈吉他和學會各種鋼杯料理，鋼杯的法定用途，是刷牙漱口的盛水杯，到了晚上它經常被用來泡速食麵。

八十年代的速食麵，不但口味比較單一，也沒有一次性的碗，所以一包包的速食麵非得有容器才能盛裝，因此鋼杯成為速食麵最好的搭檔。有生意頭腦的同學，會先採購一兩箱速食麵藏在床下，等晚自習結束到寢室熄燈前，逐戶加價兜售。只要有一間寢室有一個人開始泡麵，那種誘人的香味很快能傳遍一整層樓，自然引起饞人的食慾，所以銷售成績特別好。

印象中學校低年級的宿舍，只提供床和衣櫃，沒有提供熱水，也沒有電插頭可以燒水，但學生總有辦法通過房間燈光開關的電源接線偷電，用俗稱電湯匙的電熱器具燒水，再沖泡鋼杯裡的速食麵。現在想起來十分有趣，也實在慚愧，小小年紀沒想著怎麼認真讀書，都用心在偷電煮麵上了，恐怕那幾年沒少往肚子裡吞進這些營養不良的食品，也沒少花父母給的零用錢。

至於學吉他，絕對是成長過程中意外的收穫。我是一個各方面表現都很一般的學生，唯獨吉他，是我在進明新工專之前，就偷拿大姐的吉他自己練過的。所以一進學校挑選社團，我首先就選擇了吉他社，或許是看起來有些受人矚目，第二年就當上了吉他社社長。

　　當年練吉他基本從 Jim Cross 的歌曲入手，一方面他是知名的民謠音樂大師，另一方面也是他的歌很多都已被前輩采好了吉他譜，不需要自己從頭邊聽邊練，所以彈奏這些歌曲，算是民謠吉他練習者從入門到進階的必經過程。當時為了鍛鍊指法，一再反覆練習旋律，重複聽多了，也逐漸對自己的音樂審美觀造成影響，日後不少創作都保留了這位大師的音樂風格。我不確定這樣的影響是好還是不好，不過當時的我沒想這麼多，也並不知道自己真正要什麼，只能藉著別人的掌聲和羨慕的眼神，成為繼續彈吉他的動力，最終和同行一起走進流行音樂的領域。

　　進入青春期，「我是誰」的自問自答，開始以對未來的嘗試與探索的方式出現。住校的獨立、音樂的發揮還有回不完的情書，我開始發現自己有機會把幻想中的完美在真實世界實踐，於是我開始定位自己，朝著名利的方向前進。

　　借用雷軍的名言「站在風口上豬都會飛」，後來的我能夠有些成就，很大的原因和臺灣經濟起飛的大環境有關，只是很長時間我都覺得這一切理所當然。退伍之後，我在電腦公司上班，工作一直很順利，成為父母期待的朝九晚五的上班族，收入也水漲船高，但我沒有因此滿足，反而一心期待自己音樂的夢想能夠實現。

　　然而優客李林發片的第一年，我也沒有放棄電腦公司的工作，盡可能維持上班的日程，遇到排不開的通告再向公司請假，

或許當時在我的內心，一直沒有真的認可藝人的工作，所以總想保有原來的一份穩定。

一直到第二張專輯《黃絲帶》的製作，需要飛到美國加州洛杉磯錄音，公司實在無法特例給我足夠的假期，這才讓我下定決心，離開工作了四年的電腦公司。我想那時候做什麼決定，對人生最後的影響都不會有太大的不同，我們自以為有能力決定自己的未來，實際上更多的是被外境推動而不自覺，所以我隨著臺灣經濟的上升氣流爬上了高峰，然後在風停的時候摔得遍體鱗傷。

到北京的工作表面上是一次創業，實際上就是一次逃難。我想從改變外境來逃避在臺灣遭遇的失意，既然心態不堪，自然也不會有什麼作為。除了一團混亂之外我想不起發生過什麼，大致上可以總結的，就是不斷地通過否定自己然後試圖再次證明自己，所以沒多久我又灰溜溜地回到臺灣。

這樣的故事我說了無數次，迷失的十年事實上可以濃縮在轉瞬之間，曾經的成就像是巨大的包袱壓得我喘不過氣來，那段日子我只是喘著氣，試著活下去而已。兩年前的夏天在北京計程車上，聽到林志炫唱《單身情歌》，那一刻我明白，他走出了屬於自己的路，對他而言優客李林的包袱已經可以放下了，我特別為他高興。

反觀自己，我曾經是那個在舞臺上享受掌聲的年輕人，登臺的過程滿足了過去對愛的渴求，以為從此就能坐享富足。只是燈

光暗去、掌聲停歇之後，我沒來得及學會謝幕，也不能接受別人
對我逐漸冷漠的目光，我還以為我是誰，其實什麼也不是。

2006 年是我生命的轉捩點，那年我開始在上海學習心理諮
商。一開始的動機純屬逃避，因為一年多前，紅紅火火的創業出
現危機，逃避的習慣又開始催促我找一個光鮮亮麗的頭銜。通過
心理諮商的學習，我結識一群願意替人著想的同學，他們發現了
我的敏感和脆弱，用耐心和陪伴，接納我不定時的情緒崩潰。

心理諮商學習結束之後，正好遇上了汶川大地震，我們這群
一起學習心理諮商的小組，接受了一項為期一年的工作，內容針
對震區學校師生災後心理輔導。在地震前，汶川的青川中學有上
千名師生，突如其來的大地震，無情地摧毀了平靜的校園，也奪
走了大多數人的生命。巨變之後，全校師生僅有三十二名幸運者
逃過這場劫難，其他人全被壓在瓦礫堆下。看到這些年輕的生
命，在面對不能抵抗的天災，依然能從殘破的廢墟中站起來，勇
敢面對未來的挑戰時，我很敬佩。

在和青川學生相處的過程中，我才意識到相較於在地震後失
去家庭、親人、摯友的痛苦，我恐怕是最沒有立場去講「苦」的
那個人。在他們面前，我有什麼資格抱怨呢？於是這一年的輔導
成了一場很特別的生命旅程。

剛開始，我驕傲地認為，我是去幫助他們的救助者，然而，
到了最後，我成了被幫助最多、收穫最大的人。我明白了那些眼

中只看到自己的人，就像這十年的我，註定要成為最痛苦的人。走進暗地只能摸索前行，那種失落無助是無比痛苦的，然而堅持得夠久，你就能從黑暗中看到明燈，就算只是微光，也能照亮你的去路。

那些從震區走出來的孩子們的眼睛閃爍著清亮的智慧之光，提醒我重新問自己：我是誰？

《在那遙遠的地方》

你是否在夢迴時曾依稀見過自己孩提時的臉
想走遍全世界不懂虛偽欺騙只生活在海天之間
然後你漸漸長了智慧開始把夢想越拋越遠
快樂的定位不再是笑的串聯和擁抱碧海藍天

直到有一天你找到了機會就走進現實的世界
幾年的時間你賣給了金錢　用名利解釋一切
你賺了一百又一百萬元　握在手裡卻少得可憐
買虛情買假意也買不滿足你少了靈魂的欲念

終於有一天你偶然遇見了另一個自己的童年
踩一雙白布鞋和一張微笑的臉　趕著去環遊世界
他笑著跟你說再見　童年今天跟自己訣別
少年的身後是陽光一片你卻連夢都看不見

你應該大步走向前　在陽光裡找回一切
I hope someday I'll go away
And live on the far of place

Part2

自在遊

B 認錯醒覺

多幫別人想
2066
傳遞感動的學習
醒覺

認錯 │ 醒覺

多幫別人想

把所有封閉和冷漠的心擺在一旁，和我們一起歡唱

　　學習為別人著想，應該是從學習心理諮商開始，但一直到真正去實踐之後，才弄清楚，助人的重點不在怎麼去幫別人，而是換位思考替人著想。我們都太執著於自我的感受，對「我、我的、我以為」熟悉得不得了，對其他人的感受和想法，卻往往不求甚解，總是用自以為好的方式去幫他人，有時反倒因為給予的不是對方真正需要的，而造成誤解、傷害。

　　當我帶著高傲的優越感，想要去幫助那些震區孩子的時候，我做的任何事都不能提供有效協助。直到我看到，他們發自內心對生命的珍惜以及對未來的渴望，我理解到對這些孩子而言最大的幫助就是陪伴，我才真正開始修行。

　　當然這部分只是很粗淺的認識，只能希望通過提供一些試錯的經驗供大家參考，或許從中還能向各位學習到什麼，這樣拋磚

引玉就算值得了。

這幾年有很長一段時間，我沉溺在強烈的自我批判中，把曾經的過錯都歸咎到自己身上，身邊的朋友擔心這樣下去我可能會患抑鬱症。

朋友們的關心我真心感謝，我的確在為過去的不如意尋找原因，這個過程對我來說非常重要，因為我發現不論哪件事，必然有我參與的一部分業力，我希望日後都能制止所造的惡業，所以我也為不能及時為他人著想而懺悔。

最明顯的例子，就是接受張怡筠博士的號召，在張博士情商夏令營擔任十二年的講師，這段經歷見證了我生命的改變，因為心理諮商的工作是自助助人的過程，透由這個故事，我的生命得以徹底改變。

我於 2001 年到上海工作時，在錄製《大話愛情》節目的過程中認識了張怡筠博士，當時張博士也剛到上海，打算在大陸推動「情商教育」。當年閒聊中她提到正在備考當地的心理諮商師。當時在 IT 產業服務的我一點都不在意，完全沒想到未來也將成為心理諮商行業的一員。後來，我持續和張博士維持聯繫，直到她開始在上海推動「兒少情商夏令營」，又得知我完成了心理諮商師的學習，便主動邀請我參加講師培訓。

我會答應的主要原因是希望給自己一個求職的機會。於是，我湊足了不低的學費，加入了情商講師的培訓。和以往一樣，我

的小聰明加上豐富的職場經驗，讓我的學習表現十分搶眼，我也自信滿滿地認為，暑假營隊的講師名單中必然有我一席之地。

結果也正如我所料，參加培訓的情商講師中只有兩名成為營隊講師，除了我這位包子老師之外，另一位是甫從加州學習心理專業歸國的研究生，也就是後來的熊貓老師。

然而我們沒有料到的是，參加「情商」夏令營的學員，多半屬於情緒能力相對需要提升的孩子，有些則是為了滿足父母的期待、勉強配合參加學習。六十位學員的營隊，由一位老師授課，課程中教室控場對講師來說是極大的挑戰。

張博士具備一種神奇的個人魅力，只要她上臺，不論是家長或是孩子，她都能予以關注。其他老師就未必有這樣的實力，很多時候一堂三個小時的課程，學員們撐不到三十分鐘就一片渙散，讓臺上講師承受了巨大壓力。

這個過程雖深具挑戰性，但對我來說還是可以承受的，因為能成為站在舞臺上的藝人，個人特質中多少具備一種佔領舞臺的欲望與企圖心，所以很容易在臺上展現魅力，吸引群眾目光。所以包子老師（這是我給孩子們上課時的藝名）的課程滿意度還算是可以的，但另一位熊貓老師就不同了，雖然他具備豐富的心理學專業知識，卻沒有大課堂授課和舞臺經驗，因此第一天課程結束，張博士就要我從明天起接替熊貓老師的課程。

或許你可以想像，專程從北京趕到上海，滿懷期待地登上夏

令營講臺，卻在一天之後因無法達成預期的目標鎩羽而歸，對一個男人而言是多麼難堪的事啊！於是當晚我和熊貓老師促膝長談，決定第二天還是由他上課，我在台下隨時待命接手，我以為這個決定維護了熊貓老師的面子，也展現了人性的關懷，但是並沒有得到張博士的認同。

當她發現我們的安排時，很詫異地對我說：「我們不是說好了請你代替他嗎？」這是我和張博士成為工作夥伴後，第一次衝突。我自以為對熊貓老師仁至義盡，卻沒有站在張博士的角度思考，她優先考量的是營隊學員的學習效果，而不是老師的面子。當時的我卻沒有意識到教學本身應該以學生為中心，這才擅自否定了張博士的意見。

第一次的自以為是，在輕描淡寫的一句話之後結束，然而我好強的性格也讓日後意見的相左逐漸演變成常態。

我不是那麼習慣遵守規則的，尤其是當我看到問題時，常常會自以為是地使用我認為好的方式去做。張博士的情商夏令營有一套周全的課程大綱及明確的講師手冊，基本上講師只要照表上課，就能推進課程。但我總覺得這樣太無聊，孩子們不可能喜歡，又覺得有些內容太教條、達不到教學目標，所以剛開始的幾年，交給我承擔的課程內容我會自由發揮，教學互動也採取我最熟悉、我認為最好的方式進行。

我在營隊中負責的課程，無論課堂氣圍或學員的反應都令我

滿意，但對原本需要達成的教學目標就無法兼顧了。我估計這麼
做造成了張博士不少的困擾，但是張博士基本上不對我抱怨這些
事情，因為她明白擔任營隊課程的講師體力的付出很大，一整天
的課程下來所耗費的心力、體力和開一場演唱會差不多，所以都
是先肯定我的付出，每年也都讓工作人員客氣地提前和我確認上
課的時間，把我當名老師般尊重。

　　而我則是維持著我行我素的態度，繼續用我以為好的創意，
任意變化著上課的模式，自滿地覺得自己這樣獨樹一幟的課堂風
格是無法被取代的。

　　一次結束營隊課程，隔天一大早我就從上海飛回臺北。前一
天的營隊課程原本預期可能為了趕進度而超時的狀況也沒出現，
因為推進得很順利，我還欣喜著自己對夏令營的課程掌控越來越
上手。登機前手機傳來張博士的簡訊，她從工作人員那裡得知，
我昨天的課程能順利結束，是因為我漏掉了一整個單元，所以她
特別發消息提醒我這件事，並且讓我知道其他老師會安排時間將
這部分補上。

　　收到消息，我並沒有為自己的疏失和造成其他老師的困擾而
感到抱歉，反而心生嗔怨，認為那些助教都是張博士安排在課堂
中監視講師的間諜，於是我回覆了一串抨擊張博士的內容，把落
下一個單元的全部原因歸咎給內容太多、沒人提醒、學員沒興趣
上，而絕口不提自己備課不足、沒有注意重點段落，且自作主張

說多了一些表現自己、討好學員的內容。

當時的我被愚痴蒙蔽了雙眼，用暴怒來掩飾唯我獨尊的惡行，沒有考慮到對一位一直提攜包容我的老師，這樣的惡語攻擊會讓她做何感想。我只是趕著登上飛機、關閉手機，用我習以為常的逃避方式，來處理這次的衝突。

多年後我才真正瞭解那句話：「別人尊重你，不是因為你很優秀，而是因為別人很優秀。」在那次漏課風波後，張博士還是繼續待我如上賓，那是因為她擁有值得被尊敬的修為，而我也在幾年的耳濡目染下，逐步學習，明白能得到一位好老師的教誨，正是生命轉變的要素。如今我所能掌握運用的，那些關於情商教育的所有知識，無一不是張博士的啟蒙、教導，她所開辦的情商夏令營，更是將我從喜劇演員訓練成優秀講師的道場，沒有這番歷練，我不可能具備今天的能力。

明白這些事情之後，我深深感恩，對張博士的態度開始轉變，意識到能得此良師的教導是多麼不容易。

我開始留意每一句對張博士說的話、每一條發給張博士的資訊、每一次對張博士懷的感恩，在夏令營的教學，也盡可能按照教學大綱進行，學習用張博士的眼光和思路看待教學的要求，我發現這反而讓我收穫更多。我的自滿蒙蔽了太多學習的機會，也讓我差點錯過了一直幫助我、啟發我的好老師。

《多幫別人想》

如果你和世界同成長

你的天空一定充滿陽光

不要讓偽裝擋在關心朋友的前方

包容別人用你的好心腸

如果你用心幫別人想

每個明天都會充滿希望

把所有封閉和冷漠的心擺在一旁

和我們一起歡唱

多幫別人想一想

　　記得張博士每次提到情商夏令營，總會十分感慨地說，辦營隊是多麼辛苦、多麼累的活，一群人天南地北奔波，不是為了賺錢，而是為了幫助孩子們和他們的父母。看到營隊中可愛的天使們（我們對特別活潑的學員的暱稱）開始改變，甚至在幾年之後做出了成績，就是最好的回報！

　　就是這樣一顆為別人著想的心，使張博士的情商夏令營連續舉辦了十二年，改善一撥又一撥人的親子關係，也培養了一群願意換位思考，為教育奉獻的老師。當然，我自詡是在營隊中學習、收穫最多的人，我可以很肯定地說，這一切美好的改變，都來自張博士的一個發願——多幫別人想，最終讓這麼多人受益，這是最值得分享的。

　　借用自己寫的這首歌作為張博士助人的寫照，其實我有些汗顏，因為這首歌在撰寫之初，本是充斥著商業思維的。臺灣的夏天特別長，除了熾熱的驕陽是暑日的象徵外，夏天也是各種飲料銷售的旺季，各大飲品廠商無不卯足了勁，趕在暑假來臨之前強推廣告介紹自家產品，希望銷售成績能搭上炎夏節節高升的氣溫。

　　臺灣某碳酸飲料公司在當年已經是產業龍頭，又接著幾年和唱片公司合作推出飲料廣告，創造歌手與銷售雙贏的佳績，所以各家唱片公司都使出渾身解數爭取和他們的合作，《多幫別人想》就是當年優客李林和這家公司合作的廣告歌。

　　在這之前，眾所周知的就是張雨生的《我的未來不是夢》，那一年在加油站拍攝的廣告，讓這首歌紅遍全臺，唱片銷售水漲船高。所以當唱片公司宣布今年由優客李林拿下合作案時，所有人都覺得這張專輯的成績，肯定會超過《認錯》，這首歌也會成為優客李林的另一首代表作。

　　寫一首三十秒得唱完的歌（當年電視臺廣告播出最長不能超過三十秒）這可是難倒我了。在這之前我的創作都是苦情的宣洩，沒有人會在痛苦呻吟之前，先給自己設定一個哭喊的節奏，規定哭幾秒就得停下來，這樣似乎太不人道了。我一向願意配合公司政策，但是寫歌這事情，絕不是像擰開水龍頭這樣輕易，沒有靈感的我也只能一天兩天、一週兩週地賴著，企劃專員有截稿壓力，整天打電話催著我要歌，不留給我喘息的機會。

　　到最後，我只能拿著簡單的 MIDI 編輯器，設定好總長三十秒，以每分鐘一百二十拍的歡快節拍，讓節拍器的滴答聲不停地在我耳機裡反覆，再隨意按著鍵盤，尋找可能的和絃組合著隨意亂哼可以配合的旋律，最後再依著企劃方向填入歌詞。這首歌的誕生，完全反轉我先寫詞、後譜曲再定和絃的創作習慣，這麼做是第一次，到目前也是唯一的一次。

　　張雨生《我的未來不是夢》這首歌，廣告版本用的是副歌反覆的旋律，《多幫別人想》的誕生，就是被設定為三十秒廣告內容的襯托，所以《我的未來不是夢》在廣告強播結束後延續了下來，成為獨立的一首流行歌曲，到現在記得的人還很多；而《多幫別人想》就隨著廣告結束也淡出觀眾的記憶，只有少數人知道這是優客李林專輯中的一首創作。

　　雖然唱片企劃專員一直慫恿我把這首歌加上主歌，用更完整的曲風收錄在專輯之中，但我當時並沒有這麼做，或許不是我不

想，而是一首企圖太明顯的廣告歌很難通過重新編曲而得到重生，它的初心本就不夠豐富，加上自己創作的侷限，最終可惜了一次行銷企劃的合作案。或許現在的我在放下了那些名利的包袱之後，可以試試看和這首歌一起浴火重生！

《多幫別人想》（張博士版）

是你給了我希望

在我生命最黑暗的時光

指引我的方向

用你的方法治癒我的情傷

包容我的張狂

肯定我所有天馬行空的主張

讓我重燃夢想

給我一雙翅膀和你並肩飛翔

（和你並肩　多幫別人想一想）

我曾經讓你心傷

否定你總是替人著想的善良

我也曾走向遠方

不承認在你身邊學會了成長

而你不曾停止盼望

留一扇門永遠對我開放

你永遠是我的師長

今生來世我們永遠不相忘

（來世今生　多幫別人想一想）

我能夠再度起航不怕風浪勇敢向前闖

是你的真心啟發了我生命的力量

只要我用心幫別人想

風雨過後一定追上陽光

不會再偽裝自己不在乎你怎麼想

祈望擁有和你一樣的好心腸

只要我用心幫別人想

每個明天都會擁有希望

把所有封閉和冷漠的心擺在一旁

讓我們一起歡唱

多幫別人想一想

這首歌獻給教我學會多幫別人想的張怡筠博士。

2066

有一件事至今我依然十分肯定，你是我唯一的愛人有效期到
2066年底

　　在雜念中驚醒，翻身在黑暗中搜尋，點亮了鬧鐘，才兩點
十七。乍醒的剎那，耳畔有揮之不去的哭喊，缺乏節奏感的旋律
卻讓我明白歌詞的意義：你不值得擁有生命！

　　夜裡冷風吹透二十層樓的窗縫，再怎麼努力閉上眼睛也於事
無補，透明的皮膚看穿我窮途末路的悲慘命運。拉開窗門，肆無
忌憚衝進來的風穿過冷漠的傢俱到我耳邊怒吼：跳下去吧！跨過
那矮矮的窗垣，你還能享受一秒的自由，在天地間翱翔……

　　我不善於假想，曾經寫過幾段歌詞都是真實情感的傷痕，一
首《認錯》讓我成為眾所矚目的明星，這是我始料未及的。一夕
成名可能是許多人的夢想，一定有人認為我用不幸來形容這個成
就是自詡清高，然而這是我真實的想法：如果沒有站上人生的高
峰，也許就不會有後來漫長的十幾年，白天背負著曾有的光環包

袱，夜裡還得承受失眠的痛苦，這樣的過程極端煎熬，誰都不會想讓自己陷入如此深淵。

考慮往流行音樂界發展的初衷並不太高尚，只是為了期待能被更多人喜歡。現在回想，這都是年少無知，許了願、種了因，才讓我稍稍懂得寫歌譜曲，有機會將自己的作品公之於世。

1991年發行《認錯》專輯，對於兩個二十五歲且都有穩定工作的大男孩來說，真心認為這一刻就圓滿了：該有的努力我們都做了，出片夢想也實現了，我們應該會回到父母親為我們安排的生活中。萬萬沒想到專輯大賣，我們突然從沒沒無聞的歌者成為家喻戶曉的明星，這一切來得突然，讓人不知所措。

二十五年以來，活在沒有目光聚焦的陰暗角落，我一直追求能被多一些人關注，卻從來沒有學過如何當個公眾人物，更不知如何站在聚光燈聚焦的舞臺上表演。因唱片熱銷，一下子被趕鴨子上架成為藝人，原本渺小的「你」突然不見了，隨之而來的是可怕的自我膨脹，成為看似無所不能、頤指氣使的某人，身邊的人都對你投以讚美的眼光，你真的感覺世界繞著你而轉。從那一刻起，我走上了看似風光瀟灑實則是萬劫不復的人生道路。

人生不如意十之八九，而每次走在抉擇的十字路口，我總會習慣性地往痛苦最多的方向拐去。雖然有種義無反顧的悲壯，然而內心的煎熬卻很難說得出口。

快速攀登巔峰的快感之後，我開始面對漫長下坡的苦難，我

曾努力嘗試各種擺脫宿命的方法，而每一次我都能很快做出一些成績，但緊接著又得面對另一波看似無止境的事業滑坡。更令人難堪的，是每一次轉換跑道想要重新開始，總得面對看似關懷的問候：「你不是那個歌手嗎？現在怎麼不唱歌了？」每一次面對這些善意的提問，都讓我想挖個坑把自己藏起來。

我每一次轉行，考慮的都不是我能做什麼或我想做什麼，而是做什麼能看起來光鮮亮麗、領先潮流，這背後其實就是逃避，尤其是逃避曾經的輝煌。每兩年我總要徹底換一個工作，除了逃避昔日的成就，也逃避即將到來的下滑狀態，以為這樣就不會有人看穿我的無助和無力。

從某個層面而言，我還是做到了，不但在華人流行音樂史上留下記錄，同時拿到兩個碩士學位、出版了十幾本著作，也在資訊及網路產業多次創業。只是真實的我，自我感覺差到了極點，不但恣意揮霍敗光了先前積累的些許財富，更擔心被人看穿自己的無能；白天裝扮得光鮮亮麗，渴求寥寥可數的掌聲；夜裡需要依賴酒精，麻痺自己不能入眠的恐懼。

我想我還是有福氣的，在自甘墮落的十年之後，我遇到了我的妻子鄭竟芳，我對她深深的感謝，但更多是愧疚。如果不是她不顧家人反對勇敢牽起我的手，恐怕我此生都不能擁有愛、擁有一個完整的家。幾年前我曾偷偷為她寫過一首歌，希望傳達我的愛、我的謝意和歉意：

《2066》

年紀已經不小了

剛認識你的時候也已經四十好幾

若不是在兩年前曾經祈禱

能否女朋友是一朵花的年紀

也沒這個福氣在你整二十的那個十月

辦好了結婚登記

那時候我還不定

該斷不斷的藕斷絲連剪得不夠乾淨

牽手的決定讓你的我的所有親朋好友都跌破眼鏡

還得感謝岳父母當時堅決不同意

才讓你賭氣回來我這裡

三人共同生活的決定就像是臨時起意

做了多好的準備我自己都相當懷疑

就有一件事至今我依然十分肯定

你是我唯一的愛人有效期到2066年底

兒子還沒出世，名字已經按照家譜傳續叫做家齊
跟著你姓
或許是岳父大人勉強同意婚事的原因之一
第一次感覺從未謀面卻心靈相契生命的神奇

後來辛苦你了，懷著家齊開始東奔西走幾千里
跨過淺淺海峽來到彼岸開始在婆家生活起居
想起來都覺得佩服得五體投地你能有這樣的勇氣

開始鬧矛盾，估計是所有冷眼旁觀別人早就料定
四十幾歲的男人幼稚的脾氣
和二十郎當的你沆瀣一氣
不確定淚水的目的是思想的情緒
還是後悔我們在一起

認識見面結婚生子一路進度都趕緊
對你的愛卻朝朝夕夕慢慢地累積
過去來不及完成的事我都記在心裡

未來才有理由一樁樁陪你一起

一次結婚登記，來年我們臺北上海辦了兩場婚禮
許許多多帶來祝福的嘉賓就是少了岳父母觀禮
雖然小小滿足了你的心願卻還是留下了惋惜

那幾年的工作不定
南征北討偶爾也得帶著家人一起
加上佳恩呱呱墜地
父親養家糊口的責任就更加堅定
於是臺北、上海、北京、新竹
都留下了我們生活的縮影

漸漸我理解
忍受孤獨僅僅是自己幾十年養成的習性
離家幾千里在陌生城市的你
生命中只有我、佳恩和家齊
陪你走出去成了這段時間我們共同的生活中心

後來我們一起關注的話題

每一次都是你比我更早開始學習

看著你越來越成熟智慧的模樣總是讓我心曠神怡

原本前前後後凌亂的腳步現在能夠牽手並肩行

是時候了，該我完成這首曾經許過你願望的歌曲

當愛從彼此要求走到相互明瞭自在的給與

我們才開始明白，愛你就是愛自己

接下來生活的辛苦事兒多少還將面臨

內心的爭鬥外界的誘惑也不容小覷

我會每天吃齋念佛將功德迴向你

願你成佛成就圓滿究竟

　　生命中另外一位貴人是我家二姐李琳，更確切地說，是值得尊敬的李琳師姐。這幾年二姐給我的印象和兒時不大相同，也或許是小時候我就比較孤僻，沒有好好認識兩位姐姐和弟弟，總之，在我成家返臺之後，我覺得二姐變得比較健談，也更願意傾聽了。

　　記得是四年前，有一次二姐主動約我和竟芳一起吃中餐，用餐時，二姐建議我參加一個生命成長營隊，這個突然的提議讓我有些詫異，我脫口說出：「二姐！你是說讓我參加營隊當學生嗎？你可能不知道我在大陸就是營隊的授課老師，你覺得我還需要去參加嗎？我想是你們應該考慮請我去當講師才對吧！」

　　當時我完全不加考慮，不顧二姐特別約我們吃飯，又好心介紹一個生命成長課程給我，我只是習慣性地對別人的善意做出防禦性的回應，維持孤芳自賞的高傲。當然那一次我沒有報名，當時我真覺得自己絕無可能參加這樣的營隊，尤其在我不顧情面、直白地回絕了二姐的好意之後，我想二姐也不會再提起這件事了吧？

　　沒想到二姐真的變了，第二年、第三年她持續向我建議參加這個團體的各種營隊，包括企業營、卓青營和教師營，而我依然用種種蒼白無力的理由拒絕，直到最後，二姐直截了當地說：已經幫我報好名了，不勞我動手，也找好卓有分量的介紹人，確定我一定能被錄取，營隊時間正好在春節假期結束後，時間上一定沒問題。

　　面對二姐這麼完善的「安排」，加上我在潦倒的時候，曾經受過二姐一家的接濟，這下子我真沒有理由拒絕了。沒想到，那年二月在中興大學舉辦的「教師生命成長營」，竟成為我起伏人生最大的轉捩點。

一開始我是抱著無奈和想要打混的心態走進營隊的，只是營隊經驗豐富如我，還是被看到的種種場景震撼了。遊覽車剛開進校園停靠，就有一群身穿黃背心的義工大聲唱著歡迎歌，並且爭先恐後地協助下車的學員提行李、帶方向，而這群義工後來也出現在許多場合：餐廳、活動現場、寢室，每次都用最熱情的身段，歡迎著我們、為我們服務。

或許震撼不是最確切的形容，那種感受是從最初的「驚恐」到後來的「感動」。我終於明白營隊的每個人追求的是利他共好的世界，所以願意敞開心胸接納真心的改變。

當我驚訝於一千兩百多人的營隊規模，不知道主辦單位是如何承辦的？大會竟然宣布了一個更令人吃驚的數字：參與營隊服務的義工人數竟然高達三千多人！完全不符合經濟效益的人力配置，出現在一個不需付費的營隊，而服務人員不但義務勞動，還能保持一顆積極關懷他人的心。我開始好奇，是什麼力量凝聚這群人的心，這個團體背後的信念是什麼？如果有，我想學。

五天的營隊，從輔導員、義工、講師、課程內容及活動逐次給了我答案。我一向很難融入團體，最多只是為了博取掌聲而假裝積極，由於並非發自內心，當然也就不在乎誰認識誰。但在營隊分組輔導員身上，我看到了和自己截然不同的德行。

他們會在每天小組分享時間精心準備，記住每一位學員每天學習的優點，看見我們忽略的善行。而一個個的課程從日常的生

活展開，讓坐在台下的我，開始用與以往完全不同的角度，思考生命的意義。

記得在慈心理念的課程中，那位老和尚講到一句經典名言：「勿以善小而不為，勿以惡小而為之。」他提到不用農藥、不用化肥的蔬菜，看似是為了消費者好，其實更是為了農民、大地、生態環境好。只要我能接受一個沒有噴灑農藥化肥、看起來不是那麼完美的蔬菜，就是開始為善。

我從沒想過挑選完美無瑕蔬果的習慣，不但讓農民不顧自身健康噴灑過量農藥，也讓蟲鳥大地因為我小小的貪，而受到傷害、破壞，或許最終的代價是失去整個地球。這就像我曾經認為自己的苦是不公平，是別人加害於我的，而沒發現這些苦果來自一個自己小小的惡行。

我深受啟發，這輩子我從沒想過行善可以從生活中的小善開始。我意識到，老和尚真的擁有不可思議的智慧！在他的帶領下，才有這一群發心助人的義工幫助我們學習。於是，我下定決心改變自己，我要向老和尚學習。

想清楚之後，從小善而為就容易得多。我開始願意和熱情的營隊義工眼神交流，在最後一晚的「無盡燈之夜」發願承事老和尚志業，也從離開營隊的那一刻起開始吃素，帶著從營隊收穫的領悟回到職場繼續學習。

第一個改變是我開始不只是為了自己而活，這是一個比較細

微卻很奇妙的改變。曾經站在舞臺上的我，看似一直在逃避藝人的身份，實際上內心從來沒有放棄以自己為中心的思考模式：得到肯定是自己的價值，失去掌聲是別人的怨懟。

從營隊歸來，我慢慢懂得將智者的想法放在心裡，雖然做不到隨時隨地用智慧來考量，但最少懂得思考生命較長遠的目標。然後我結束了在上海的工作，但我卻沒有以往的焦慮，我明白善因總會結出碩果。

營隊結束一年半後，我進入團體的法人事業服務，我如願開始承事老和尚的利他志業，用自己的能力幫助他人。當初若不是二姐堅持拉著我，恐怕我依然會和這些美好的改變擦身而過，感謝二姐不放棄我。

然而更神奇的是幾年後發生在我身上、生死轉瞬的事。

彷彿匕首直直地插入胸口，倏地，我從睡夢中驚醒……

那天凌晨一點三刻，在上海開往北京的火車上，我被持續的強烈胸痛驚醒，那一刻任誰都會明白，是大限將至。我是個好強、自詡永遠活在青春期的半百老頭，才羨慕學長李宗盛在五十郎噹還寫了首歌，登上了山丘的巔峰，而自己卻在生日前十天，在十二個小時的深夜火車上遇上了心肌梗塞。

死亡將至，第一個浮現的念頭只有不捨，不知所措地想到該對另一半交代那些我一直沒說清楚的帳本。「要是沒了我，老婆、孩子該怎麼過？」飛馳的列車與午夜黝黑的空氣摩擦著，伴

隨鐵軌間隙安排的固定節拍，火車臥鋪絕沒有住家床褥的安靜，但那一刻我是聾了，只聽到自己的心跳聲……

在突發心肌梗塞之前，我已經茹素三年半，很多人覺得我這麼做是為了養生，實際上我是為了效仿在營隊認識的老和尚而做的小小改變。如果考慮到自己過去無肉不歡，總是熬夜酗酒，加上長年不在意的高血壓，那麼心血管疾病找上我自然是遲早的事。雖然我一直以為自己身體狀況不差，又能浪子回頭開始清淡飲食，自己應該不會成為這一疾病的受害者才是。

所以當那天夜裡突發心痛，一開始我並不清楚原因，堅持了一整晚，等火車抵達北京南站，我把原定在北京的工作完成之後，才答應同事到醫院檢查。

當醫生得知我在二十個鐘頭之前就有初期症狀，卻沒立刻就醫表示十分不理解，也對我能撐這麼長時間，還能自己走進醫院表示驚訝。後來我才知道很多心肌梗塞的患者，很少能撐過三十分鐘以上，我卻上海、北京繞了二十個鐘頭，這絕對是個特例。

身為當事人，我明白這個時候發病，是老天對我的眷顧，曾經縱欲酒肉的惡業當然會回到自己身上，只是老天推遲了幾年的時間，讓我有機會懺悔，用一個少了十斤體脂的身軀迎向生命的挑戰，才能讓我苟延殘喘保住性命。沒有二姐在那三年盯著我參加營隊學習、沒有被老和尚的慈心理念感化，恐怕我的故事已經結束在上海往北京火車上的那一夜了。

所以有些小善真得及時做，而有些小惡也得當下斷，因為我們不知道還有沒有明天可以讓我們後悔。

傳遞感動的學習

讚頌如同一面鏡子，令我重新反省自己

2014 年參加教師生命成長營時，午休過後，主辦單位安排了二十分鐘的佛教讚頌音樂教唱，希望學員在下午課程開始前，可以藉由優美的旋律讓昏沉的腦袋更為清醒。我不記得教唱的老師是誰，但我卻牢牢記住那時唱的第一首讚頌歌曲——《覓幽蘭》。

然而讓我銘記於心的既不是悠揚的旋律也不是優美的詞義，而是當時乍聽之下覺得這首歌曲特別「怪」：在第一段歌詞的前半段、原本是四拍的歌曲節奏卻在第四小節突然變成了六拍，第五小節又回到四拍。

教唱老師帶著我們反覆唱了幾遍，我都在這個小節搶拍，有些作曲經驗的我直覺地認為這是個記譜的失誤，全曲都應該按照四拍的節奏採譜，再在這個小節記做漸慢才是合理的作法。當時

的我覺得這個營隊雖然在課程的組織上十分專業，但在音樂領域太外行了，才讓這樣的錯誤出現在講義上！

那時的我，不知道讚頌的意義，以及這些讚頌是誰創作的，只是單純抱持著：「管他呢！」的心態。雖然我願意跟著日常老和尚學習智慧，但絕對不學讚頌，甚至連跟著哼都不願意。因為我不喜歡和看似愚笨的人一起工作，也不喜歡接觸錯誤百出的事物。

營隊結束後，我開始吃素、跟著日常老和尚的音檔學習《廣論》，就算人在上海，也堅持用電腦連線，與臺北的研討班同學們一同上課，然而只要開始放讚頌，我便在螢幕這端視若無睹，聽而無聞。

除了參加營隊留下的印象讓我不願學習之外，還有另一個我百思不得其解的「問題」：很多讚頌的歌詞都會大量的重複。我覺得這是因為寫歌的人不夠專業，才會複製相同的歌詞填充空白的樂句，讓反覆的唱詞壓縮了想像的空間。

就連我在小學時期的童謠歌詞改寫，都會要求自己不能出現太多重複的詞彙，然而這麼龐大的團體竟然寫出這麼幼稚的音樂，實在令我費解。

所以在研討班一年多的時間，我連一首新的讚頌都沒學會。當時真沒想到，自己在音樂產業工作的經歷，卻讓自己無形中有了眼高手低的後遺症，為自己設限，忽略他人的精彩，反倒認為

自己擁有的專業素養，不能被這些業餘愛好的作品給褻瀆了。

直到在研討班學習了一年半左右，有一天研討班的副班長宣佈：「各位同學也已經學習一年半了，今年我們要一起去參加紀念日常師父的『憶師恩法會』！為此我們要學習一首在法會上憶念師父的讚頌——《太陽王傳說》。」

當時聽到這首讚頌的 demo，內心的糾結又生起來了。這完全結合了所有我厭惡的缺點：混亂的記譜和重複的歌詞，如果不是為了要在憶師恩法會上獻唱，我是堅決不想學的！尤其我們連著幾週在研討班跟著預先錄製的鋼琴伴奏、看著不知所云的歌詞練唱時，我可以聽出大部分的同學都很困擾，他們不是跟不上拍子就是找不到旋律。

於是我開始想：「學首歌需要這麼痛苦嗎？會不會到了當天所有人都不會唱？」

結果當然不是！憶師恩法會當天，在王子承老師指揮的夢蓮花交響樂團伴奏下，我完全被震撼了！

在我看來，《太陽王傳說》完全可以媲美《卡門》歌劇的序曲，那首讚頌在憶師恩的現場，為參加法會的所有人開啟了一道宏偉壯麗且超越世間的大門，那一刻我彷彿被一棍打醒，明白了，真正藝術創作的意境，是需要通過藝術家才能呈現的，而我不過是一隻自大的井底之蛙罷了。

從此，我開始認真學習讚頌，這些原本因為某些枝微末節被

我批評得一無是處的曲子，現在卻能傳遞感動，在我心中迸發出燦爛花火。在悠揚的旋律中，我透由讚頌和創作者真如老師心靈上交流，獲得新的學習與體悟。

接受這次震撼教育的我，徹底改變對讚頌的看法，並且也對隔年憶師恩法會的讚頌有了期待。第二年，憶師恩法會前，按照往例，研討班會播放新的讚頌歌曲，那一年我聽到了兩首完美無缺的讚頌：《凝眸》和《拉章》。無可挑剔的記譜、流暢悠揚的旋律加上十七度音程的跨度，完美到令人不可置信。

身為多年的音樂創作人，我自認無法創作數量如此多、音樂風格差異如此大的歌曲。真如老師的讚頌讓我再次看到自己的侷限，憶師恩法會尚未開始我便為之傾倒。

我完全能想像在合唱團及交響樂團的演出下，這兩首讚頌的深情和恢宏會如何令人動容。從此之後，幾乎每一次舉辦活動時，我都會教唱《凝眸》，希望自己能夠如同歌詞提到的一般，不斷告訴自己：「我要再凝視千萬年，直到永遠。」

我還沒有機會在真如老師身邊學習，但是讚頌如同一面鏡子，令我重新反省自己，也讓我能擁有和老師交流的方式。我想，這或許也是一次從認錯到醒覺的過程，讓我真心學會感謝。

醒覺

你把究竟真實的美好全都教給我，令我醒覺走出娑婆世界的
盡頭

　　能在約定的截稿日期前後完成這本書，我特別感謝編輯，沒
有她實事求是的要求和指正，我是不可能準時完工的。

　　創作人有一股倔脾氣，總認為自己寫的是好東西，尤其像我
這種自戀狂，原本是不允許別人批評我的作品的。能夠心悅誠服
地接受編輯的建議，耐著性子一字一行地寫，是因為理解生命改
變的願與力都來自「醒覺」這兩個字。但是最後，我仍動用了作
者小小的堅持，將受到真如老師影響的新歌放在書裡，祈求一個
圓滿的加持。

　　我很好奇人們真的清楚昏睡和清醒的差別嗎？似乎睡著的我
們是不能自主的，不論是美夢還是噩夢，做夢的人多半都不能控
制夢境的進行以及自己在夢中的行徑。若是這麼說，清醒的定義
應該和昏睡的不能自主恰恰相對，表示人在清醒的時候，一切行

為能完全自主，然而這樣的解釋清醒也存在著偏誤。

人的身體存在太多不自主的機制，包括心跳血壓等，我們對這些神經系統也缺乏主動控制的能力，所謂的清醒，指的應該只是一種意識上的自主，這樣可以試著避免身體自動化反應的部分。

當然身心是不能分離的，哪一天你的心跳堅持要「昏睡」，我估計你的意識大概也無法獨自「清醒」多長的時間。只是為了方便論述，我們姑且接受清醒指的是不包含肉體的精神層面。

既然清醒的主體是行為自主的表現，那麼應該能找出一個通用的原則，來界定哪些是清醒的人自主的行為，哪一些不是。

就讓我斗膽借用佛學的概念，也就是有情眾生都具備「離開痛苦找尋快樂」的本能，或是說得通俗一些，人都有趨吉避凶的能力。譬如在夢境中，我們可能會走上萬仞高牆，還可能從高處跌落，跌得鼻青臉腫，而且今天做了這麼危險的夢，日後可能還會重演。

但是清醒的時候，就算我們偶爾因為缺乏經驗而讓自己墮入險境，只要能夠從這樣的困境脫出，除非我們記憶喪失，否則絕無可能再犯同樣的錯誤，因為所有人都想要快樂，沒有人要自尋煩惱。這應該說明清醒與昏睡；自主與不自主的差別，在清醒的狀況下，我們都應該能主動地做出離苦得樂的反應。

我沒有立場拿別人經歷說事，因為我沒有讀心術，不知道別

人做出令人痛苦萬分的事情，究竟是無意造就的還是故意使然，不過我在過往一段很長的時間內，覺得生命全然是痛苦的，幾乎我所做的每一個決定都領我走入更深的苦難之中。

我知道自己足夠聰明，想做的事情幾乎都能做到，而我既不是夢遊也沒有做白日夢，除了借酒澆愁的夜晚，我應該都是處於清醒的狀態，那麼為什麼我不能做出離苦得樂的反應，反而用一個個錯誤的決定把自己推向絕境？

我一直沒有意識痛苦都是自己造成的，原本我以為苦樂和運氣有關，那些福星高照的人總能遇上快樂的事，而像我這種薄祚寒門的自然得過苦日子。如果我真這麼認命，應該也不會積累這幾十年的苦受，而我恰好是不服氣的，想要爭一些別人有而我沒有的，所以一方面哀怨著自己的歹命；一方面進行奸巧的爭奪，看似每一次嘗試的伎倆都精心規劃，結果卻都帶來更大的痛苦。

我一直沉浸在悲苦的情緒中，渾然不知推著自己往苦裡去的元兇正是自己。在編輯的督促之下，我再一次翻開塵封的記憶，用文字梳理過去的軌跡，重溫自己一篇篇的作品。

跨越二十個年頭，我驚訝地發現自己應對事件的情緒模式竟然驚人地一致，總無法從上一次錯誤的決定中汲取教訓，當相似的場景重現時，往往再一次犯同樣的過錯，生活就像一再反覆上映的噩夢連續劇。我必須承認，這幾十年的生活過得比噩夢還悲慘，我不能自主，也不懂怎麼做才能脫離痛苦得到快樂。

　　過程中我不是沒有選擇，也盡可能在每個關鍵時刻做出周全的考慮，若非如此，我應該早就從那扇二十層樓高的窗臺上墜落了。可見我又並非完全的不自主，但生活似乎更像是在昏睡與清醒中輾轉，究竟什麼時候我是清醒自主的，而什麼時候我處於昏睡被動中？

　　我想，現在正在論述的我已能給出相對清醒的答覆：讓我進入隨波逐流的昏沉被動中的，就是「情緒」。

　　這一生，我幾乎沒有錯過任何一次在感情事件犯錯的機會，然後懊悔地寫了一首又一首的情歌。我不清楚是情傷的痛更痛還是情歌的美更美，只知道情感奔流時就像是強力的迷幻藥，往往讓我失去理智，做出錯誤的決定。這真是極度不合理的，我一定不是真以吃苦為樂，這背後或許有某種邪見推動著我，讓我誤以為這樣能換來更大的幸福。

　　只是這種內隱的動力是什麼呢？我在身上歸納出的答案，就是一種被愛的需要，我認為我是值得被愛，也應該得到所有人的愛。這或者是因，也或者是果，遺傳自媽媽盡力做到最好的執著推動著我，讓我用心討好別人，希望能換來被愛，因為得到愛和認同是我生命的核心價值。

　　這種推力在我換跑道時特別明顯，一開始我願意投注大量的精力研究新的領域，也能很快掌控新身份。只是一旦時間拉長，一旦我的能力不及，我就開始擔心，那些已經獲得的愛與認同將

會蕩然無存，甚至連小小的自尊都將失去，於是我拋下一切轉身逃跑。

用比較通俗的文句描述：我是一個情感不夠堅定的動物。這一生都在追求別人在微博、微信上的點讚、認同，卻禁不起誰轉身離開。一旦被我發現旁人情感背叛，我就會情緒失控地刪光所有文字和圖像，連一點立足地也不留給自己，然後換名重出。直到最後，我才發現，以為清醒的自己和情感相遇的那一刻就進入沉睡，在顛倒夢想中拿命戲耍，竟然不知道這都是耽溺輪迴的夢遊。

很慶幸現在的我能在清醒的時候面對這些，雖然不保證下次遇上事情不會又開始做夢，至少我試著找到不停犯錯的根源──對自我強烈的執著。那種我想要得到愛的自私力量，讓自己成為情緒的奴隸，大半輩子被煩惱推動不得自在，看似成就了一些名利，換得的苦果卻是難以承受的。所以當我明白「醒覺」才是改寫生命故事最重要的動力時，那種久旱逢甘霖的感受真是快樂無比。

《醒覺》

我不知道自己是醉了還是醒著

愛情朦朦朧朧像喝了一手啤酒

明明知道陪在身邊的只是一場夢

卻尋著迷魂香氣讓魂都被勾走

什麼時候我變得如此頹廢墮落

夜以繼日甘願繫上情緒的枷鎖

我以為計較爭奪能換來快樂富有

吞進喉嚨的卻只是酸澀的苦果

我孤孤單單無依無靠像個行屍走肉

在無明的長夜中醉醺醺地夢遊

那些原本愛我和我愛的人都離開了我

只有幾杯酒能幫我短暫澆愁

這樣一直昏睡無助直到你走向我

穿越末法世界一生一世的人潮洶湧

捧著螢火的手為我驅走夜的迷惑
領我看清前方你說你願意陪我走

醒來的我回頭發現每一步都是錯
沒有你的日子沒有一刻值得逗留
你把究竟真實的美好全都教給我
　令我醒覺走出娑婆世界的盡頭

原本孤孤單單無依無靠像個行屍走肉
有了你的守候我能渡過海的另一頭
相信你生生世世上天入地都將找到我
　追隨你的美萬水千山不再漂流

醒來吧古老的記憶　歸來吧久遠的傳說
你的愛穿越時空　像燦燦星光永恆閃爍

　　　　天上人間共唱

在沉睡中，很難靠自己醒過來，如果起床是件容易的事，那麼鬧鐘早該絕跡了。從睡到醒需要有人提醒，而把人喊醒是個技術活，並非只是大聲嚷嚷就算完成任務，必須要在適當的時間、用適當的方式，更要確定睡著的人真的醒了，否則一切都將功虧一簣。

這樣的事情在我們小時候沒少過，因為住家和學校的距離很遠，搭公車也得用上一個半鐘頭，所以還是孩子的我們上車後經常在公車上瞌睡。所幸咱家有姐弟四人，每回總能有誰在下車前先醒過來，再把其餘幾個叫醒，所以多半不會坐過站。

但就有這麼一個夏天，幾個人上車後都睡死了，直到下車前一刻大姐才驚醒，大喊一聲：「醒來！下車了！」車到站了，我和姐姐們慌張地下車，慶幸自己沒坐過站，等車開遠了才發現小弟沒下車！

那天搭車的人多，我們分別坐在各自的角落裡，大姐發號施令時小弟沒聽見，加上急著下車，沒注意清點人數，所以把弟弟給落下了。

記得那天傍晚全家人出動，沿著公車路線一站站地找。還好弟弟算機靈，先坐到了總站，再請下一班的司機，將他送回了我們家那一站。所以，「醒覺」也不是隨便喊喊就行，想讓一個人醒覺，除了奉獻一顆慈悲的心，還得擁有充分的智慧，幸運的是在我生命中總能遇上這樣慈悲與智慧兼備的人。

2014 年，在二姐三催四請下，我勉為其難地答應參加福智文教基金會主辦的教師生命成長營，在這之前，我的生命雖然已開始轉變，但昏沉的時候更多。營隊課程的精彩我不贅述，重點是在那幾天的課程中，我找到了值得追隨的老師，那位創辦教師生命成長營的老和尚——上日下常法師。

營隊剛開始的幾天，我在會場坐立難安，尤其遇到某些口條不怎麼樣的老師，更讓我無心聽講，不時想跑到校外閒晃，盼著時間趕緊過去。

好在雖然沒有全程專心聽課，五天四夜的學習中還是吸收到一些重點。尤其是一堂分享有機農業的講座，原本還想曉課，卻很意外地被臺上農場主人的話語吸引，他說老和尚做有機農業的出發點就是兩句話「勿以善小而不為，勿以惡小而為之。」

我一向不是用功的學生，尤其語文成績總是墊底，但是這兩句話我從小就會背，四十幾年不曾忘記，只是不明白這十二個字和有機農業有什麼關聯。

有機農場的主人說，農民為了讓我們買到好看的蔬菜，下午要採收的，上午還得再噴一次農藥，就怕菜給蟲咬了，賣不出好價錢。

我們先別看這樣噴農藥可能傷害了買菜吃菜的人，實際上第一個受到傷害的反倒是農民本身，哪一個農民在噴農藥之前會全副武裝戴上防毒面具？多半是隨便綁一條毛巾就開始噴藥，加上

住家多半緊挨著農地，持續的環境汙染讓生活環境不斷惡化。農民為了確保消費者能買到好看的蔬菜，大量噴灑農藥的結果首先傷害的是他們自己，而那些蟲也不吃的菜雖然好看，吃進身體日積月累地積著毒，也很難帶給我們健康。

的確，從來我買菜都是挑好看的，就像我希望自己是完美的一樣，只是根本沒想過，沒有蟲咬的菜和被蟲啃上幾口的菜，下鍋做成料理、吃進口裡，味道難道有差別嗎？如果我能多買一些有機無農藥的菜，不但口味沒有影響，自己吃得更健康之外，還能讓農民少噴農藥，不僅照顧農民的健康也能減少環境的汙染。

一個看似微不足道的改變，卻能帶領這麼多人離苦得樂，不就是「善小而為」的真諦嗎？反觀我們一向的舉止：浪費食物、濫用塑膠、汙染空氣，都是追求短暫的方便、卻傷害了環境，這不就是「惡小而為」的寫照嗎？

當明白自己過往自私自利的行為造成的影響，我不禁欽佩老和尚的智慧和勇氣。他教人們用能力所及的行動，從吃有機蔬菜開始，幫助自己且利益他人。我這一輩子都希望變得更聰明，卻沒發現聰明還需要智慧做導師，才能得到究竟的快樂。所以聽到老和尚推動有機農業的動機和智慧，讓我開始動心，想著怎麼樣能更認識這位智者。

可惜的是我來得太晚，老和尚已在幾年前圓寂，但聽跟隨老和尚學習的法師們分享智慧，更堅定我想向他效學的決心。法師

說在老和尚圓寂之前，弟子們著急地問老和尚要往生何處，老和尚只是淡定地要弟子們不用去找，他會回來找大家，當弟子們進一步追問時，就聽見老和尚很堅定地回答：「我會去眾生最需要我的地方！」

聽見這句話，我彷彿被雷電擊中，渾身顫抖不能自已。我經常說自以為聰明的話，卻很少聽到智慧的語言，這位長者一定德智兼備，才能在身體孱弱之際，還能慈悲為懷心繫眾生，這絕不是如我這般凡人能想得到的。

當下我就決定，今生要跟著老和尚學！於是在營隊最後一晚的點燈發願晚會，我對著孔老夫子的聖像燃燈祈願：誓願一生承事老和尚志業！

營隊結束，我開始茹素，至今已五年；同時請回老和尚講法的錄音檔案，趁著每天上下班的路程上反覆學習。我開始明白人本來具備遠離痛苦找尋快樂的能力，只是顛倒地將痛苦誤認為快樂，追求短暫利益種下無盡惡因，當然會得到苦果。凡夫如我在長夜漫漫的沉睡中，不停地做著不能自主的噩夢。

如今我已經找到醒覺我的恩師，也明白要張開智慧的雙眼看清苦樂的源頭。快樂不是來自對名利的追求，生命真正的意義在於放下自我，用多幫別人想的利他心創造眾人的共好。終於，在多年自我放逐的流浪之後，我找到了導師，開始從輪迴的噩夢中醒覺，認識快樂的本質。

真心希望能與你分享，無論你是否也和我一樣走上了醒覺的道路，我願將所有的善功德迴向給你，與你共享，祈願每個人都能得到最真實的快樂。

訪談

Q.能否跟我們談談父親對您的影響？

父親過世後，我的生命歷程經歷了巨大的改變，離開了臺灣、到其他的地方工作和生活，同他一般四處奔波。我以為是為了理想，但很大一部份是因為無奈，因為身不由己，所以讓我在不確定的狀況下離開自己最熟悉的地方。

活到了這個年紀之後，我才發現，自己這輩子好像是他的翻版：我四處漂泊、喜歡喝黑咖啡、甚至與妻子的年紀差，都與父親和母親一樣。我曾經想過，自己或許遺傳到了父親的「流浪基因」，才一度居無定所。我埋怨過他，但也因他帶給我的改變而認同他。

他離開之後，我才真的感受到我們之間有緊密的連結。父親還在世的時候，我從沒有這樣的感覺，即使同在一個屋簷下，也很少聊天。我有些後悔，從沒有真的跟父親聊到他希望我成為什麼樣的人、我應該成為什麼樣的人？

我在書中寫過，我有許多想對父親說的話來不及說，然而現在讓我說，我已經無話可說，因為我終於能真正明白父親的想法，理解為什麼他在家庭總那麼沉默，為什麼有許多故事從未跟我們分享。

Q.您以前在家庭是沉默的,現在成家立業了,是否有比較健談呢?

因為和妻子都在學習佛法,所以其實還滿有話聊的,但我是一個不善於表達情緒的人,這點會讓她有比較多的抱怨。一般的時候我不太會講話,或者說我不太知道怎麼跟別人說話,這讓很多人覺得我很酷,或是覺得我很孤立。

對妻子也是這樣,我怕與她會有所爭吵,所以總是避免溝通,用沉默來逃避可能產生的負面狀況,卻反而造成更大的困擾。

一直到最近我才意識到,我應該要有所改變。一直以來,我總是埋頭做自己的事情,我透由文字、歌曲表達感情,但私下我總是沉默,好像沒有透過文字這個媒介,我就無法表達。

過去的我太過靜默,既無法表達內在的情感,也沒辦法去回應別人的感情。但在學佛後,才明白與他人交流,才能在互動中提升彼此的心靈。所以這一兩年,我開始學著改變,也許還不是做得很好,但我希望在逐步的學習中,慢慢地調整。

Q.促使您開始學習佛法的契機是什麼?

開始願意學習佛法,是因為在營隊中遇到了偶像——日常老和尚。他講過一句話:「你自己不放棄,我很樂意陪你走完最後

一程。」帶給我很大的震撼，我不懂是什麼樣有智慧的人才能講出這樣的話。

我自認在文字上有一定的造詣，然而也只是搬弄文字，是為了營造多情的假象。日常老和尚卻不同，他沒有分別心，對所有的人們都付出了真心，因此才能說出這麼令人印象深刻的話語。

Q.學習佛法後給您帶來什麼樣的改變？

佛法有一個概念是要多看別人好的一面，不要只是關注負面的情緒，這樣的思考方式改變我很多。首先，讓我可以用不同的角度來看事情，於是我就不會拘泥在同一個面向，能更全面的看待事情。

我的情緒開始有調整的空間，不再容易發火。也讓我可以控制自己、不再被情緒控制、能更客觀地看待事情、主導自己的感受。思考的時候，同一件事開始產生了不一樣的意義與價值。對我來說，學佛是一個很好的方向，開始有不同的方法去解決問題，也可以掌握自己的情緒。

Q.您以前總是很焦慮，不斷與過去的自己比較，現在的心境是否有所轉變？

如果你問我會不會焦慮，我想我還是很常因為追求成就感、希望事情達成，而感到焦慮。我容易等不及，凡事都希望能快一

些。但現在卻不再覺得焦慮是一件不好的事情，焦慮反而成為一種刺激自己精進的動力，讓我不斷朝想去的方向努力。

每個人都會焦慮，只是很多時候我們將這些焦慮、或者說情緒，當成一個對付自己的工具，拿這些情緒來對付自己、抗拒別人，但從未想過情緒也可以是一種動力。

想通了這點之後，我改變了看待事情的眼光，看待焦慮時，不再去否定它。焦慮讓我明白，自己有想去的地方，想要做的事情，所以我不再因此而痛苦，反而將之視為一種進步。

Q.現在的您審視過去那些日子，是否有些新的體悟？

我想，過去那些不斷做錯又認錯的日子還是有很多意義的，至少在那段時間，我們一直在嘗試做自己想做的音樂，也因為音樂得到很大的力量。那時的我們去任何表演的場合，總帶著一把吉他，既沒有放錄音帶，也沒有其他華麗的道具，只是自己彈、自己唱，唱得很投入也很開心。

只是出片後，大紅大紫的人氣讓原有的堅持漸漸縮小，自滿取代一切，整個人的感覺變了，對待人的態度好像也變得不一樣，那時的自己像是活在一個不真實的狀態，只認為自己幾乎無所不能。

然而現在重新想來，當初《認錯》的大紅究竟是誰的成功？當時的我以為是自我才華被看見，但如果沒有其他的人協助、時

機的輔助，沒有這麼多的力量幫忙，怎麼可能會有這樣的成就？

我們那時將成功定義為「我們的成功」，其實是一個誤解，它是一群人的合作，是集體性的價值。而不是我個人努力所得來的。

Q. 您在這本書中寫了很多反覆認錯的過程，在這樣的過程中，您學習到什麼？

我以前認錯的方式其實是用低聲下氣的感覺讓別人感到不堪，像是在問：「我都認錯了，你還要我怎麼辦呢？」

直到我開始醒覺，才發現我一直都是拿一個認錯的情緒去綁架他人。但認錯應該是：發現什麼是自己真的要改的；是明白自己想要成長的方向；是去改變錯誤的原因，得到真正想要的結果。

現在我明白，「認錯」是要發現錯的原因，並改變那些原因，成就更好的自己。

Q. 在書本的最後，能否談談您的抱負？

我曾經希望五十歲時和李宗盛一樣，寫一首如同《山丘》的歌，讓自己前五十年的生活如同爬過一個山丘，用歌曲去迎向另一座山頭。現在卻覺得，半百的自己應該要去找到生命真正的意義。

　　我用了五十年的時間累積了資源、方法與經驗，我希望能用在一個正確的方向上。不再年輕的我早就不能隨興的風花雪月、談戀愛，在生命的結尾，要交出一張什麼樣的生命答卷，成為我很重要的一個思考。

後記

和編輯老師約定的書稿總算在承諾的時間交付，那一刻解脫的快樂真如渾身八萬四千毛細孔吃了人參果，無一不舒暢。於是情生意動，晚上就約了許久不見的韓賢光老師到五觀堂吃素齋，這是韓老師這趟來上海後我們頭一次碰頭。

這位優客李林每張專輯的製作人，同時也是稱職的舞臺總監和低音吉他樂手，除了頭髮少了、人精瘦了些，和二十八年前我初見他時保持著一樣的神態，尤其吃東西特別帶勁。

兩個鐘頭的會見，韓老師一向的熱情風趣充滿整個空間。他很主動地替我填補缺損的記憶，那些我原以為轉身離開就能忘乾淨的塵蘊。韓老師先談起自己生活的改變，五十好幾才決定到上海工作，接著提到臺灣流行音樂界這幾十年的變化，以及兩岸音樂的此起彼伏，當然包括了順心和煩心的事，也交叉關聯著那些熟悉與陌生的朋友。那個傍晚對我而言彷彿看穿了每一件事情的發生都是必然的。

餐畢，韓老師提到自己總是以承辦朋友的演唱會來作為自己的告別式，他不知能否在來得及的時候為自己的錯誤表示歉意。他說，就像看到流浪十年的我，他也不知道該怎麼說出擔心。

這真是感人的話，因為那些屬於感情的事，對我們這些玩音樂的人來說，大概只有用唱的方式才有勇氣說出來，這樣就算掛

著淚水還可以微笑。

　　如果不是寫書的因緣，我不知道還要多久才能明白：使勁地蒙住眼睛、捂住耳朵，地球還是按照原本的節奏在轉。

　　那些曾經寫成歌的故事將永遠在被感動的心裡獨唱，終結自以為是的孤獨恐怕只是敞開心扉讓旋律在彼此心中共鳴。這本書讓我重新認識自己，癒合那些自我割裂的傷口。我想是時候了，感謝過去、現在和未來。從「認錯」到「醒覺」，這何嘗不是一種領悟！

　　離開五觀堂之前，和韓老師做了約定：這本書裡的歌我會選幾首，在夏天來的時候，到他管音樂的小酒館裡去演唱。你如果有空，何妨帶著書一起來？

國家圖書館出版品預行編目(CIP)資料

認錯｜醒覺 / 李驥作.
－初版.－臺北市：福智文化，2019.08
面；　公分. －(亮點；3)
ISBN 978-986-97215-7-8 (平裝)

1.修身　2.通俗作品

192.1　　　　　　　　　　　108012214

《認錯｜醒覺》

亮點 003

作　　者　李驥
責任編輯　蔡毓芳
文字協力　王碧華、戈曙宇、張玉芬、黃杏娥、黃真美
封面、內頁設計　張福海
排　　版　華漢電腦排版有限公司
印　　刷　科樂印刷事業股份有限公司

出 版 者　福智文化股份有限公司
地　　址　10555台北市八德路三段212號9樓
電　　話　(02) 2577-0637
官方網站　https://www.bwpublish.com
客服Email　serve@bwpublish.com
總 經 銷　時報文化出版企業股份有限公司
地　　址　33343桃園市龜山區萬壽路二段351號
電　　話　(02)23066600 轉 2111
出版日期　2019年8月　初版一刷
定　　價　新台幣 300 元
I S B N　978-986-97215-7-8
本書原出版者為：東方出版中心。經授權由福智文化股份有限公司
獨家出版發行中文繁體版本。

認

錯

醒
覺